ひとり分

やる気1%

超ビギナーごはん

ど素人でもおいしく作れる
自炊テク&レシピ500

楽勝だニャ！

ハマごはん

KADOKAWA

あなたの料理ビギナー度をチェック！

食べるのが専門！
- ☐ 作るのはインスタントラーメンくらい
- ☐ 包丁は怖くて使えない……
- ☐ 弱火、中火、強火の違いがわからない
- ☐ 計量の仕方がわからない
- ☐ 「1つまみ」と「少々」の違いがわからない
- ☐ 家に調味料がほとんどない

レンジは温めのみ！
- ☐ 調理で使用したことがない
- ☐ 味噌汁を作ったことがない
- ☐ ご飯を炊いたことはある
- ☐ 料理の本を買うのはこの本が初めて
- ☐ 食材の保存方法がわからない

何個あてはまるかな？

チェック10個以上の方
超ビギナー！
本書で料理をイチからはじめましょう

チェック5個以上の方
脱・初心者！
本書でレパートリーを増やしましょう

難しく考えず、料理は作りながら覚えよ！

本書のレシピは

01 忙しくてもズボラでもはじめられる

手間も時間も最小限！

ほぼ3ステップで作れる手間を省いた覚えやすいレシピ。ぜんぶ短時間で作れます！

02 お金がなくてもおいしいものは作れる

コスパのよい食材を使用

1つのレシピで使う食材数は1～2個。なるべくリーズナブルな食材を選んだので、1品あたり500円以内で作れます。

03 学校では教えてくれない

今さら聞けない基本がわかる

計量や火加減などの超基本から、知って得する自炊テクニックまで。充実の内容でイチからレッスン！

基本の道具

はじめの一歩はココから！

まずは使い勝手のいい調理道具をそろえましょう。

フライパン
焦げにくいフッ素樹脂加工のものが、お手入れがラク。深型を選ぶと煮物やスープも作れる。標準サイズは24〜26cm、ひとり分なら20〜22cmが◎。

包丁・まな板
背がカーブしている三徳包丁（16.5〜18cm）が万能。小さい食材はペティナイフ（12〜15cm）も便利。まな板はプラスチック製が扱いやすい。

耐熱容器&ボウル
レンジ調理に。いろいろな素材があるが、ガラス製はにおいや色移りがしにくい。ボウル（直径20cm前後）も耐熱性にするとレンジ加熱にも使える。

計量スプーン
調味料をはかるスプーン。いろいろな種類があるので好みで選んで。写真は表と裏でスプーンが大さじと小さじになっていて1本で計量できる。

鍋
ゆでる、煮る調理に。まず1つ買うなら口径18〜20cmの片手鍋が使いやすい。

計量カップ
水分の計量に。1カップ200〜300mlが一般的。傾斜がついているタイプは目盛りが見やすい。

ざる
素材の水気をきるときに。持ち手つきでボウルに納まるサイズを選ぶと使い勝手がよい。

菜箸、木べら、お玉
菜箸や木べらは炒めたり、混ぜたりするときに、お玉は汁物をすくうときに使用。木べらはゴムべらやシリコン製のヘラでもOK。

あると便利！

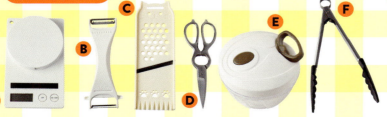

A キッチンスケール／重さを計量するデジタル式のはかり。0表示の機能があるとボウルなどの重さを差し引き、材料を追加できて便利。**B** ピーラー／皮むきやせん切りに。**C** スライサー／薄切りなどに。おろし金つきが便利。**D** 調理バサミ／まな板が不要で、材料を切りながら調理できる。**E** みじん切り器／みじん切りが短時間で。**F** トング／肉や魚を返す、パスタをあえるなど意外と活躍。フライパンや鍋が傷つかないように先端が樹脂のものを選ぶ。

ポリ袋、ラップ、アルミ箔
調理用ポリ袋はボウルの代わりに使用すると洗い物が減らせる。ラップはレンジ加熱に、アルミ箔は煮るときの落としぶた代わりなどに。

コスパ最強！ ビギナー食材

リーズナブルで初心者が使いやすい食材を中心に選びました。

豚こま肉
安いので一人暮らしにはありがたい。豚バラなどの薄切り肉と違い、切らずに使えるのがうれしい。

鶏もも肉
鶏もも肉は焼くだけで立派なおかずに。切るのが面倒な方は一口大にカット済みのものを選んで。

さけ
魚の中でも安価で切り身は下処理もいらず、扱いやすい。生さけと塩味がついている塩さけがある。

シーフードミックス
えびやいか、あさりなどの魚介が一度にとれる。カットや下処理が不要で、冷凍のまま調理OK。

ウインナー
そのままでも食べられるし、炒め物などちょっとボリュームがほしいときにあると助かる。

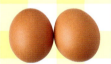
卵
炒め物、副菜、スープ、ご飯、麺など、どんなメニューにも合う万能食材。冷蔵庫に常備したい。

もやし
野菜の中でも抜群の安さ。炒め物や副菜など何でも使える。ボリュームが出るのでかさ増しにも。

キャベツ
おかずや主食、汁ものまで幅広く活躍。せん切りや一口大にカット済みのものも売っている。

じゃがいも
煮たり、揚げたり、つぶしてサラダにしたり、形状を変えていろいろ使えて日持ちするので便利。

しめじ
きのこの中でも扱いやすく、どんな素材とも合わせやすい。手でほぐして使えるので包丁いらず。

豆腐
栄養豊富でヘルシー。しっかりした食感の木綿となめらかな絹ごしがあり、好みで使い分けて。

ツナ缶
魚介のうまみが詰まっていて味つけを助ける。日持ちするので常備しておくと副菜などに重宝。

味つけを支える！基本の調味料

作る料理に合わせて少しずつそろえましょう。

よく使うスタメン

まずそろえたい！

醤油
色が濃く風味が強い濃口と色が薄く上品な味わいの薄口があり。本書は濃口を使用。

みりん
本書は本みりんを使用。成分の違いでみりん風調味料、みりんタイプ調味料もあり。臭みを取り、コクと甘み、照りを与える。

酒
食材のくさみを取り、うまみやコクを出す効果が。塩分を含む料理酒と含まない清酒(日本酒)がある。本書は料理酒を使用。

砂糖
料理に甘みをプラス。いろいろな種類があるが、まずは幅広く使える上白糖を。

味噌
原料の違いで米味噌、麦味噌、豆味噌があり、甘口や辛口と味もさまざま。複数の味噌を混ぜた合わせ味噌が使いやすい。

麺つゆ
だしと醤油やみりん、砂糖などで作られているので和の味つけに便利。本書は2倍濃縮タイプを使用。

塩
食塩(精製塩)、天然塩、岩塩、サラサラでふりかけやすい食卓塩など、好みのものを。

黒こしょう
ピリッとした風味で味を引き締める。料理によってマイルドな白こしょうを使うことも。

油　料理に合わせて使い分け！

サラダ油
加熱調理全般に。くせがなく、何にでも合う。

ごま油
ごまの香りがよく、中華風の料理に。あえものなどにも。

オリーブオイル
何にでも合うが、どちらかというと洋風。あえものなどにも。

バター
油代わりに使用するとコクが出て濃厚に。洋食に合う。

だし　だし取りを簡単に！

顆粒だし
湯に溶かして使う和風の粉末だし。味噌汁や炒め物などに。

白だし
だしに薄口醤油、砂糖、みりんなどを加えた液体調味料。煮物などに。

顆粒コンソメ
肉と香味野菜のコクが詰まった洋風スープの素。使いやすい顆粒タイプを。

鶏ガラの素
顆粒タイプを使用。中華風の料理に。

酸味 さっぱり味に!

酢
オールマイティな穀物酢を使用。加熱しない料理にはまろやかな米酢もおすすめ。

ポン酢
柑橘果汁と酢でできた調味料。本書は醤油などで味つけされたものを使用。

レモン汁
100％レモン果汁。あえものやスープなどにさわやかな酸味を。

中華系 辛いのが好きなら!

コチュジャン
もち米や唐辛子でできた韓国の調味料。辛さの中に甘みを感じる。

豆板醤
そら豆が原材料の辛味噌。コクとうまみのあるピリッとした辛さが特徴。

オイスターソース
牡蠣が原材料の調味料。濃厚なコクとうまみがある。

ラー油
ごま油などの植物油に唐辛子の辛みを加えたもの。料理の味変にも便利。

パンチ力 レパートリーが広がる!

おろししょうが
しょうがのすりおろし。すぐ使えるチューブが便利。

マヨネーズ
完成した料理につけたり、サラダなどの味つけに便利な万能調味料。

ケチャップ
甘酸っぱいトマトベースの調味料。ご飯やパスタなどの味つけにも。

おろしにんにく
にんにくのすりおろし。しょうがとセットでそろえたい。

焼き肉のたれ
果実や香辛料などが含まれているので1本で深い味わいに。

ウスターソース
野菜や果実、香辛料などが含まれ、風味やコクが加わる。

片栗粉
加熱前の素材にまぶしたり、とろみをつけるときに。

カレー粉
手軽にカレー風味が楽しめる。炒め物やスープなどに。

塩こしょう
塩、こしょう、調味料がブレンドされたもの。下ごしらえに便利。

料理の超キホン

超ビギナーさんへ！

料理を作りはじめる前に、まずは計量と火加減について覚えましょう。

計量

● 大1（大さじ1）＝15㎖、小1（小さじ1）＝5㎖です。

※計量スプーンがないときの計量はP36を参照。

液体のはかり方

1杯 あふれるギリギリまで入れる。

½杯 スプーンの高さ2/3まで入れる。

粉類のはかり方

1杯 たっぷりすくってスプーンの柄などですり切り、平らにする。

½杯 1杯をはかった後、スプーンの柄などで半分取り除く。

カンタン計量！

しょうが・にんにくのチューブの目安

2cm＝小1

計量カップで

カップに液体を注いだら平らなところに置いて目盛を横から（傾斜がついているタイプは斜め上から）見る。粉類はカップを下に2～3回打ちつけ、平らにならしてからはかる。

指で

1つまみ 親指、人さし指、中指の3本でつまんだ量のこと。

少々 親指と人さし指の2本でつまんだ量のこと。

火加減

●レシピに記載がなければ、基本的に火加減は中火です。

弱火

フライパンや鍋の底に炎が届くか届かないかの状態。

中火

フライパンや鍋の底に炎がちょうど届き、底よりひとまわり小さい面積を熱している状態。
★レシピ中に出てくる「弱～中火」は弱火と中火の間の火加減のこと。

強火

フライパンや鍋の底に炎が勢いよく当たり、底全体を熱している状態。

本書の使い方

アイコン
レシピに出てくる調理法をアイコンで表記しています。

レンジ
特に指定がない場合、W数はすべて600Wで作っています。
※メーカーや機種により誤差が出る場合があるので、状態を見ながら調整してください。

フライパン
フッ素樹脂加工のフライパンを使用。

トースター
W数は1000Wで作っています。

炊飯器*
圧力釜式ではなく、マイコンタイプの5.5合炊きを使用。調理機能つきを推奨

鍋
ゆでる、煮る調理のときに。

レシピについて
- レンジ加熱の際のラップはふわっと軽くかけてください（p98参照）。加熱時のラップの有無は作り方に入れていますが、連続で加熱する場合は1回目のみに入れ、2回目以降は「再び～分チン」と省略している場合もあります。
- 野菜を洗う、皮をむく、きのこの石づきを取るなどの工程は基本的に省いています。
- 豆腐は指定がなければ木綿でも絹ごしでもどちらでもOKです。
- 卵はLサイズを使用しています。
- ソースは記載がなければ中濃ソースを使用。
- バターは有塩を使用（無塩でもOK）。
- 付け合わせなどレシピに記載していないものは好みでご使用ください。

省略用語
レシピに出てくる用語をいくつか省略しています。以下を参考にしてください。

耐熱容器 ➡ 容器　　電子レンジで加熱する ➡ ○分チン　　大さじ・小さじ ➡ 大・小

マヨネーズ ➡ マヨ　　ポン酢じょうゆ ➡ ポン酢　　サラダ油 ➡ 油　　ポリ袋 ➡ 袋

contents

- あなたの料理ビギナー度をチェック! ── 2
- 難しく考えず、料理は作りながら覚えよ! ── 3
- はじめの一歩はココから! 基本の道具 ── 4
- コスパ最強! ビギナー食材 ── 5
- 味つけを支える! 基本の調味料 ── 6
- 超ビギナーさんへ! 料理の超キホン ── 8
- 本書の使い方 ── 9

PART 01 人気レシピ

- No.001 塩バターチキンステーキ ── 16
- No.002 ズボラハンバーグ ── 18
- No.003 シンプルオムレツ ── 20
- No.004 究極のガーリック目玉焼き ── 21
- No.005 もやし豚キムチ ── 22
- No.006 失敗なしのしょうが焼き ── 24
- No.007 ニラたま炒め ── 25
- No.008 ゆで炒めいらずの簡単コロッケ ── 26
- No.009 絶品ハムカツ ── 28
- No.010 最強えびフライ ── 29
- No.011 究極の炊き込みビビンバ ── 30
- No.012 鮭のアクアパッツァ ── 31
- No.013 チキンごろごろカレースープ ── 32
- No.014 つゆだくトロトロ角煮 ── 34
- No.015 シーフードナポリナーラ ── 35

column 超ビギナーさんの自炊テク01
料理の第一歩は計量!
- No.016 計量スプーンがなくても大丈夫! ── 36
- No.017 デジタルスケールが便利! ── 36
- No.018 食材の重さの目安を知っておこう ── 36

PART 02 焼くだけレシピ

鶏肉
- No.019 鶏もも肉の塩オリーブオイルソテー ── 38
- No.020 ねぎだれチキンステーキ ── 38
- No.021 鶏もも肉のケチャップソースあえ ── 38
- No.022 鶏むね肉のふっくらジューシーソテー ── 39
- No.023 鶏むね肉のチーズソテー ── 39
- No.024 ささみの塩レモンソテー ── 39

豚肉
- No.025 豚ロースのジャポネソテー ── 40
- No.026 和風ポークソテー ── 40
- No.027 味噌バターポークソテー ── 40
- No.028 パックのままで丸ごとねぎ塩豚バラ ── 41
- No.029 パックのままで照り焼き豚バラ ── 41
- No.030 豚バラ肉でピリ辛ソテー ── 41
- No.031 ピーマン豚バラのくるくる巻き ── 42
- No.032 豚バラねぎ巻き ── 42
- No.033 レタス豚バラのくるくる巻き ── 42

ひき肉
- No.034 トマトソースチーズハンバーグ ── 43
- No.035 きのこ煮込みハンバーグ ── 43
- No.036 豆腐ハンバーグ ── 44
- No.037 簡単ひじき豆腐ハンバーグ ── 44
- No.038 包まないズボラ餃子 ── 45
- No.039 まいたけつくね ── 45

魚
- No.040 鮭の青のりマヨソテー ── 46
- No.041 ぶりのガーリックソテー ── 46
- No.042 さばのソテー 甘酢あんかけ ── 46

野菜
- No.043 究極のお好み焼き ── 47
- No.044 余りがちな野菜でお手軽チヂミ ── 47
- No.045 じゃがいもと玉ねぎのもちもちチヂミ ── 47
- No.046 小松菜のバターふりかけソテー ── 48
- No.047 ほうれん草の塩バターソテー ── 48
- No.048 ブロッコリーのペペロンソテー ── 48

豆腐、厚揚げ
- No.049 究極の豆腐照りマヨソテー ── 49
- No.050 油淋鶏風厚揚げソテー ── 49
- No.051 厚揚げタルタル ── 49

卵
- No.052 究極のハムエッグ ── 50
- No.053 ヘルシーオムレツ ── 50
- No.054 簡単スパニッシュオムレツ ── 50

食パン
- No.055 フレンチ風シュガートースト ── 51
- No.056 黄金エッグチーズサンド ── 51
- No.057 究極のフレンチトースト ── 51

column 超ビギナーさんの自炊テク02
ひと手間で肉をおいしく!
- No.058 「ドリップ」ってなに? ── 52
- No.059 厚みのある肉は穴をあける ── 52
- No.060 おいしさアップの下ごしらえ ── 52
- No.061 鶏むね肉はそぎ切りがベスト! ── 53
- No.062 加熱時に出た脂はふき取って ── 53
- No.063 ジューシーに仕上がるワザ ── 53

PART 03 ささっと炒めもの

豚肉
- No.064 豚バラとブロッコリーのスパイシー炒め ── 55
- No.065 豚キャベ照り焼き ── 55
- No.066 豚マヨポン酢炒め ── 55
- No.067 豚バラチャプチェ風 ── 56
- No.068 豚バラマッシュポテト ── 56
- No.069 豚肉と春雨の野菜炒め ── 56
- No.070 ガリバタ豚バラ目玉焼き ── 57
- No.071 豚バラとカット野菜のシンプル野菜炒め ── 57
- No.072 梅ソースポーク炒め ── 57
- No.073 豚こまとアスパラのピリ辛バター炒め ── 58
- No.074 スタミナ豚キャベ ── 58
- No.075 お財布にやさしい豚こまレタス ── 58
- No.076 豚こま卵のバター醤油炒め ── 59
- No.077 豚こまもやしの味噌炒め ── 59
- No.078 究極の豚プルコギ ── 59
- No.079 豚マヨねぎ炒め ── 60
- No.080 豚肉ときのこのオイスター炒め ── 60
- No.081 豚こま油淋鶏風 ── 61
- No.082 豚こま肉と春雨の中華炒め ── 61

鶏肉
- No.083 うま塩野菜炒め ── 61
- No.084 ガリマヨチキン ── 62
- No.085 鶏ニラレモン炒め ── 62
- No.086 焼き肉のたれで簡単チキン南蛮 ── 62
- No.087 鶏肉とキャベツのスタミナ炒め ── 63
- No.088 塩レモンチキン ── 63
- No.089 むね肉となすのり塩炒め ── 63
- No.090 ささみと白菜のポン酢炒め ── 64
- No.091 ささみとしいたけの麺つゆ炒め ── 64

ひき肉
- No.092 アウトドア風ペッパーミンチ ── 64
- No.093 ズボラ炒めハンバーグ ── 65
- No.094 ひき肉とピーマンのケチャップ炒め ── 65
- No.095 ニラともやしの豚ひき肉炒め ── 65
- No.096 鶏ひき肉とニラのうま辛炒め ── 66
- No.097 鶏ひき肉と納豆のチーズマヨ炒め ── 66
- No.098 鶏ひき肉と豆のケチャップ炒め ── 66

10

シーフードミックス、ぶり
No.099	シーフードミックスで簡単野菜炒め	67
No.100	海鮮野菜炒め	67
No.101	ぶりと青梗菜の中華炒め	67

鮭、さば、ししゃも、えび
No.102	鮭とねぎのバタポン炒め	68
No.103	鮭のガーリックスタミナ炒め	68
No.104	さばとれんこんの甘酢炒め	68
No.105	ししゃもともやしのオイスター炒め	69
No.106	ヤンニョムえびチリ	69
No.107	究極のえびマヨ	69

厚揚げ、ちくわ、ウインナー
No.108	厚揚げとキャベツのごま味噌炒め	70
No.109	照りマヨ焼きちくわ	70
No.110	ウインナーとピーマンのペペロン炒め	70

ツナ、卵
No.111	ツナとベーコンのバターほうれん草炒め	71
No.112	ツナとにんじんの枝豆マヨ炒め	71
No.113	トマトと卵の中華炒め	72
No.114	豆腐のニラたま炒め	72
No.115	青梗菜とツナの卵炒め	72

column 超ビギナーさんの自炊テク03
切り方の基本をマスターせよ！
No.116	切りやすい包丁の持ち方をチェック！	73
No.117	野菜を先に切る	73
No.118	野菜の皮のむき方	73
No.119	便利な道具に頼ればラクちん	73
No.120	ざく切り	74
No.121	乱切り	74
No.122	斜め切り	74
No.123	くし形切り	74
No.124	輪切り	75
No.125	半月切り	75
No.126	いちょう切り	75
No.127	薄切り	76
No.128	せん切り	76
No.129	みじん切り	76

PART 04 蒸す・煮る・ゆでる

豚肉
No.130	豚バラもやしの甘辛蒸し	78
No.131	豚バラとなすのスタミナ蒸し	78
No.132	肉巻き豆苗のさっぱり煮	79
No.133	チーズ豚バラのくるくる煮	79
No.134	お財布にやさしい豚バラ角煮風	79
No.135	豚こま白菜の塩昆布蒸し	80
No.136	キャベツと豚こまの味噌バター蒸し	80
No.137	豚なすピーマンの甘辛煮	80
No.138	豚バラ冷しゃぶ豆腐	81
No.139	豚しゃぶ香味あえ	81
No.140	ねぎ塩だれ豚しゃぶ	81
No.141	担々風冷しゃぶ	82
No.142	フライパンで焼き肉風豚しゃぶ	82
No.143	豚しゃぶの塩昆布あえ	82

鶏肉
No.144	鶏肉ブロッコリーのうま塩ガーリック蒸し	83
No.145	鶏もも青梗菜のチーズ蒸し	83
No.146	ピリ辛蒸し鶏	83
No.147	ワンパン鶏ももレモン蒸し	84
No.148	簡単絶品シュクメルリ	84
No.149	照りマヨバターチキン	84
No.150	薬味蒸し鶏	85
No.151	ささみのキムチーズ蒸し	85
No.152	ささみのトマト煮込み	85

手羽先、手羽元、鶏皮
No.153	手羽先の甘酢煮	86
No.154	手羽元とゆで卵のスタミナ煮	86
No.155	鶏皮煮込み	86

牛肉
| No.156 | 究極のしぐれ煮 | 87 |
| No.157 | きのこすき焼き | 87 |

ひき肉、餃子、シュウマイ
No.158	究極のふわとろ麻婆豆腐	88
No.159	おつまみゆで餃子	88
No.160	シュウマイアヒージョ	89
No.161	フライパンで薬味シュウマイ	89

カレイ、タラ、ぶり、鮭、さば
No.162	カレイのレモン蒸し	89
No.163	タラときのこのバター蒸し	90
No.164	タラとアスパラの味噌マヨホイル蒸し	90
No.165	ぶりの簡単アクアパッツァ	90
No.166	簡単ぶりのホイル蒸し	91
No.167	ぶりと白菜の麺つゆバター蒸し	91
No.168	ぶり大根煮	91
No.169	フライパンで簡単タラの煮つけ	92
No.170	鮭ときのこのクリーム煮	92
No.171	フライパンで簡単さば煮	92

きのこ、野菜、豆腐
No.172	えのきベーコン蒸し	93
No.173	フライパンで簡単野菜蒸し	93
No.174	じゃがいものバター蒸し	93
No.175	ツナとじゃがいものうま煮	94
No.176	にんじんとしらたきの炒め煮	94
No.177	ウインナーコーンの豆腐蒸し	94

鶏むね肉、鶏もも肉、豚バラ肉
No.178	レンジでねぎだれ鶏チャーシュー	95
No.179	レンジで簡単トマチーズチキン	95
No.180	豚バラポークシチュー	95

ひき肉、魚介、卵
No.181	レンジで無水キーマハヤシライス	96
No.182	レンジでシーフードシチュー	96
No.183	レンジで絶品茶碗蒸し	96

鶏もも肉、豚バラ肉、野菜
No.184	炊飯器でバターチキンカレー	97
No.185	炊飯器で肉じゃが	97
No.186	炊飯器で絶品ジャーマンポテト	97

column 超ビギナーさんの自炊テク04
覚えておきたい加熱のコツ
No.187	レンジ加熱のラップはふんわりと	98
No.188	アルミ箔は落としぶたになる	98
No.189	アクが出たらすくい取って	99
No.190	パスタはレンジでもゆでられる！	99

column 超ビギナーさんの自炊テク05
よく出てくる料理用語をチェック！
No.191	「きつね色」、「こんがり」	100
No.192	「ひたひた」、「かぶるくらい」、「たっぷり」	100
No.193	「ふつふつする」、「沸騰する」	100
No.194	「粗熱を取る」、「冷ます」	101
No.195	「サッとゆでる」、「サッと炒める」	101
No.196	「煮詰める」	101
No.197	「室温に戻す」	101

PART 05 ラクちん揚げもの

鶏肉
No.198	本気の塩から揚げ	103
No.199	ねぎ塩から揚げ	103
No.200	本気のコンソメから揚げ	103

No.201	ひとくちフライドチキン	104
No.202	手羽元で簡単フライドチキン	104
No.203	絶品チキンかつ	105
No.204	ささみの麺つゆ串かつ	105
No.205	簡単クリスピーささみ	105

豚肉
No.206	本気でおいしい豚こまから揚げ	106
No.207	アスパラの肉巻きから揚げ	106
No.208	えのきの豚巻きから揚げ	106
No.209	ピーマンの豚巻き揚げ	107
No.210	半熟卵の豚巻き揚げ	107
No.211	ラクちんとんかつ	107

ひき肉
No.212	れんこんはさみ揚げ	108
No.213	ピーマンの肉詰めフライ	108
No.214	最強メンチかつ	108

魚介、ちくわ、豆腐
No.215	鮭の竜田揚げ	109
No.216	簡単ししゃもから揚げ	109
No.217	たこのガーリック醤油から揚げ	109
No.218	さばフライ	110
No.219	さけるチーズでちくわの磯辺揚げ	110
No.220	味わい揚げ出し豆腐	110

じゃがいも、にんじん
No.221	王道ポテトフライ	111
No.222	ガーリックポテトフライ	111
No.223	ひとくチーズポテトボール	111
No.224	のり塩じゃがボール	112
No.225	コンソメハッシュドポテト	112
No.226	ハッシュドにんじん	112

野菜
No.227	10分でできちゃうオニオンリング	113
No.228	オクラのジューシー揚げ	113
No.229	かぼちゃのスパイシー揚げ	113
No.230	なすのから揚げ	114
No.231	ごぼうのから揚げ	114
No.232	長いもチーズから揚げ	114

きのこ、こんにゃく
No.233	しいたけのから揚げ	115
No.234	エリンギの竜田揚げ	115
No.235	こんにゃくのヘルシー揚げ	115

野菜、魚介、餅、鶏ささみ、餃子
No.236	袋で簡単かき揚げ	116
No.237	シーフードミックスの海鮮かき揚げ	116
No.238	余ったお餅で揚げ餅	116
No.239	袋で簡単天ぷら	117
No.240	何個も食べたくなるささみ天	117
No.241	チルドで簡単揚げ餃子	117

column 超ビギナーさんの自炊テク06
あと片付けもラクしたい！
No.242	洗い物を減らすテク	118
No.243	生ゴミのにおい対策も重曹で	118
No.244	効率のよい冷蔵庫収納	118

PART 06 あえるだけ副菜＆サラダ

レタス、サニーレタス
No.245	やみつきレタス	120
No.246	かまぼこレタスナムル	120
No.247	さわやか漬けレタス	120
No.248	レタスのごまドレサラダ	121
No.249	絶品シーザーサラダ	121
No.250	のりレタスチョレギサラダ	121

キャベツ
No.251	キャベツちくわのピリ辛中華サラダ	122
No.252	キャベツの酢あえ	122
No.253	キャベツの梅あえ	122
No.254	キャベツとわかめのマヨわさのりサラダ	123
No.255	簡単コールスロー	123
No.256	ピリ辛スタミナキャベツあえ	123

にんじん、大根
No.257	にんじんのごま味噌あえ	124
No.258	にんじんツナのマヨあえ	124
No.259	にんじんしめじのごまポンあえ	124
No.260	にんじんときゅうりの中華あえ	125
No.261	キャロットラペ	125
No.262	にんじんと大根のあえもの	125
No.263	明太子と麺つゆのシャキシャキ大根	126
No.264	塩昆布大根	126
No.265	大根サラダ	126

きゅうり
No.266	きゅうりとツナのピリ辛あえ	127
No.267	おつまみ塩だれきゅうり	127
No.268	ひとくち屋台きゅうり	127
No.269	時短オイキムチ	128
No.270	きゅうりと鶏の麺つゆあえ	128
No.271	きゅうりマカロニサラダ	128

もやし
No.272	絶品もやしきゅうり	129
No.273	あえるだけ簡単ツナもやし	129
No.274	もやしとかまぼこのごま酢あえ	129

ミニトマト、トマト
No.275	ミニトマトのシンプル砂糖あえ	130
No.276	ミニトマトとモッツァレラチーズのおしゃれサラダ	130
No.277	ミニトマトと玉ねぎの王道あえ	130
No.278	トマトのねぎだれあえ	131
No.279	トマトナムル	131
No.280	トマトの紅しょうがあえ	131
No.281	トマトとアボカドのチーズあえ	132

アボカド
| No.282 | アボカドと豆腐のごまあえ | 132 |
| No.283 | アボカド洋風あえ | 132 |

小松菜、ほうれん草
No.284	小松菜とのりのごまあえ	133
No.285	小松菜と油揚げのラー油あえ	133
No.286	小松菜としめじの白だしあえ	133
No.287	ほうれん草とツナのおひたし	134
No.288	ほうれん草ときゅうりのごま味噌あえ	134
No.289	ほうれん草とゆで卵の麺つゆサラダ	134

白菜
No.290	白菜のごまあえ	135
No.291	白菜と中華くらげのあえもの	135
No.292	白菜ハムの麺つゆあえ	135
No.293	ちりめん白菜のおひたし	136
No.294	白菜生ハムのピリ辛無限白菜	136
No.295	白菜とちくわの和風サラダ	136

ブロッコリー
No.296	ブロッコリーとツナのマヨあえ	137
No.297	ブロッコリーとハムのスパイシーあえ	137
No.298	ブロッコリーのおかかごまあえ	137

なす
No.299	なすのスタミナあえ	138
No.300	なすかまごまサラダ	138
No.301	なすのねぎあえ	138

じゃがいも、ポテトスナック
No.302	のり塩ポテトサラダ	139
No.303	ポテトサラダベビースター	139
No.304	じゃがりこで生ハムチーズマッシュポテト	139

長いも
| No.305 | 長いもと納豆のあえもの | 140 |
| No.306 | 長いもわかめのさっぱりあえ | 140 |

| No.307 | 長いももずくあえ | 140 |
| No.308 | 長いもの明太子あえ | 141 |

春雨、魚介
No.309	中華春雨サラダ	141
No.310	シーフードサラダ	141
No.311	マグロの韓国風サラダ	142
No.312	マグロと長いものとろとろあえ	142
No.313	和風サーモンカルパッチョ	142
No.314	アボカドサーモンポキ	143
No.315	たいの塩昆布あえ	143
No.316	たいのレモンマリネ	143

column 超ビギナーさんの自炊テク07
ひと手間で野菜をおいしく!
No.317	青菜はサッとゆでて、サッと冷やす	144
No.318	ゆでずにレンジが時短!	144
No.319	塩もみで味がしみやすく	144
No.320	葉野菜は湯に浸してシャキッと!	145
No.321	サラダ用野菜はしっかり水をきる	145
No.322	「繊維を断ち切る」とやわらか食感に!	145
No.323	野菜をすりおろすコツ	146
No.324	オクラはネットのまま下ごしらえ	146
No.325	じゃがいもの芽の取り方	146
No.326	じゃがいもの皮を加熱後にむく	146
No.327	きのこは石づきを取る	147
No.328	豆腐の水きりはレンチンがラク!	147
No.329	えびの背ワタは爪楊枝で取る	147

PART 07 ひと手間ご飯

ウインナー、豚肉、レタス、魚介
No.330	絶品チーズ炊き込みご飯	149
No.331	ねぎ塩豚こま炊き込みご飯	149
No.332	さわやかレタスチャーハン	150
No.333	シーフードピラフ	150
No.334	ウインナーケチャップライス	150

野菜、コーン
No.335	アスパラとなすの洋風炒めご飯	151
No.336	バターコーン炒めご飯	151
No.337	小松菜と塩昆布の炒めご飯	151

キムチ、ベーコン、梅干し
No.338	キンパ風混ぜご飯	152
No.339	ベーコンガーリックライス	152
No.340	梅おかかの混ぜご飯	152

肉、豆腐、卵
No.341	すき焼き風雑炊	153
No.342	豆腐のチーズ雑炊	153
No.343	簡単ケチャップ雑炊	153

天かす、梅干し、塩昆布
No.344	青じそと天かすのおにぎり	154
No.345	梅と塩昆布のおにぎり	154
No.346	塩昆布ののり巻きおにぎり	154

チーズ、キムチ、鮭
No.347	フライパンで簡単チーズ焼きおにぎり	155
No.348	キムチ焼きおにぎり	155
No.349	簡単手作り鮭フレークおにぎり	155

卵
No.350	塩TKG	156
No.351	中華風TKG	156
No.352	麺つゆバターTKG	156
No.353	キムマヨTKG	157
No.354	最強ピリ辛TKG	157
No.355	やみつきねぎだくTKG	157

チーズ
| No.356 | キムたまチーズリゾット | 158 |
| No.357 | コンビニのハンバーグでラクうまドリア | 158 |

| No.358 | ウインナーホワイトドリア | 158 |

豚肉
No.359	さっぱり塩キャベ豚丼	159
No.360	ねぎ盛豚カルビ丼	159
No.361	究極のズボラかつ丼	159

鶏肉
No.362	チーズ親子丼	160
No.363	のりマヨチキン丼	160
No.364	漬けささみ丼	160

ひき肉
No.365	ひき肉のしぐれ煮風丼	161
No.366	ズボラそぼろ丼	161
No.367	皮なし餃子丼	161

牛肉、ベーコン、ウインナー
No.368	絶品チーズ牛丼	162
No.369	ふわとろカルボ丼	162
No.370	ガーリックマヨウインナー丼	162

生ハム、魚介
No.371	生ハムのなめろう丼	163
No.372	海鮮ユッケ風丼	163
No.373	明太サーモン丼	163

column 超ビギナーさんの自炊テク08
ご飯のおいしい炊き方と保存
No.374	みりんでご飯がふっくら!	164
No.375	おにぎりはラップを使うと簡単!	164
No.376	余ったご飯はすぐ冷凍!	164

PART 08 かんたんパスタ&麺類

肉、明太子、卵
No.377	すき焼き風釜玉そば	166
No.378	とんこつ風釜玉うどん	166
No.379	明太チーズ釜玉うどん	166
No.380	麺つゆ鶏ガラ冷やしうどん	167
No.381	卵かけ塩つけうどん	167
No.382	鶏だしねぎ塩つけうどん	167
No.383	豚こま肉うどん	168
No.384	担々豚しゃぶうどん	168
No.385	ねぎ塩鶏うどん	168

キムチ、わかめ
| No.386 | 韓国風キムチーズうどん | 169 |
| No.387 | ヘルシー簡単わかめうどん | 169 |

豚肉、魚介
No.388	王道絶品焼きうどん	170
No.389	韓国風ピリ辛焼きうどん	170
No.390	海鮮焼きうどん	170

加工肉、ツナ、卵、明太子、鮭
No.391	失敗なしの絶品ペペロンチーノ	171
No.392	塩昆布とベーコンのペペロンチーノ	171
No.393	バター麺つゆツナペペロンチーノ	171
No.394	ワンボウルカルボナーラ	172
No.395	ベーコン明太クリームカルボナーラ	172
No.396	明太マヨパスタ	172
No.397	とまとクリームパスタ	173
No.398	ワンパンチーズクリームパスタ	173
No.399	鮭と明太子のクリームパスタ	173

野菜、加工肉、ツナ、ひき肉、豚肉
No.400	トマトと青じその和風パスタ	174
No.401	ズボラ和風パスタ	174
No.402	ツナと塩昆布の和風パスタ	174
No.403	市販のハンバーグで超簡単ボロネーゼ	175
No.404	ワンパントマトボロネーゼ	175
No.405	レンジで簡単ねぎ塩豚ラーメン	175

卵、ねぎ、ウインナー
| No.406 | 中華麺で絶品醤油ラーメン | 176 |

13

No.		ページ
No.407	中華麺で簡単塩ラーメン	176
No.408	サッポロ一番で簡単冷やしつけ麺	176
No.409	サッポロ一番で汁なし塩バターラーメン	177
No.410	ウインナーとチーズの汁なしチキンラーメン	177
No.411	どん兵衛で絶品ずぼら油そば	177

豚肉、ねぎ、卵、レモン、生ハム

No.412	王道絶品焼きそば	178
No.413	豚バラ塩焼きそば	178
No.414	キムチ焼きそば	178
No.415	うま辛つけそうめん	179
No.416	ねぎだくそうめん	179
No.417	冷やしうま辛ごまだれそうめん	179
No.418	塩だしレモンそうめん	180
No.419	ラー油冷しゃぶそうめん	180
No.420	生ハムユッケ風そうめん	180

column 超ビギナーさんの自炊テク09
万能食材、卵をおいしく調理！

No.421	卵黄と卵白を簡単に分けるコツ	181
No.422	卵のレンジ加熱は破裂に注意！	181
No.423	ゆで卵を好みのかたさに作るには？	181
No.424	失敗しない目玉焼きの作り方	181

column 超ビギナーさんの自炊テク10
おいしい味噌汁さえあれば！

| No.425 | だしは顆粒やパックがラクちん！ | 182 |
| No.426 | 味噌は火を止めて加える | 182 |

column 超ビギナーさんの自炊テク11
食材の保存あれこれ　肉・魚編

No.427	薄切り肉	183
No.428	ひき肉	183
No.429	魚の切り身	183
No.430	冷凍した肉・魚の解凍方法	183

PART 09 煮るだけスープ

手羽元、魚介

| No.431 | 手羽元スープカレー | 185 |
| No.432 | シーフードカレースープ | 185 |

野菜、えび

No.433	なすとオクラのミネストローネ	186
No.434	カット野菜でできるミネストローネ	186
No.435	むきえびの簡単トマトスープ	186

卵、ほうれん草

No.436	たっぷりチーズのトマト卵スープ	187
No.437	ベーコンとほうれん草のトマトスープ	187
No.438	ウインナーとほうれん草のマカロニスープ	187

鶏肉

No.439	鶏キャベ炒めスープ	188
No.440	鶏ももとねぎの炒めスープ	188
No.441	鶏と白菜のうまだしスープ	188
No.442	鶏レタスごまスープ	189
No.443	鶏大根の甘辛スープ	189
No.444	鶏とごぼうのうま塩スープ	189
No.445	きのことささみのヘルシースープ	190
No.446	白菜と鶏団子のうまだしスープ	190
No.447	鶏むねの肉じゃが風スープ	190

手羽先、手羽元

No.448	手羽ニラ白湯スープ	191
No.449	手羽先カムジャタン	191
No.450	手羽元ピリ辛スープ	191

豚肉

No.451	豚こまレタスの炒めスープ	192
No.452	肉じゃがスープ	192
No.453	とんこつ風極うまスープ	192

No.454	簡単担々スープ	193
No.455	簡単豚こまユッケジャン風スープ	193
No.456	豚とキャベツのごまうまスープ	193
No.457	豚肉しょうが鍋スープ	194
No.458	豚バラもつ鍋スープ	194
No.459	豚バラスンドゥブ鍋スープ	194
No.460	豚バラキムチーズスープ	195
No.461	豚キムチスープ	195

シーフードミックス、鮭、野菜、加工肉

No.462	シーフードミックスで簡単キムチチゲ	195
No.463	鮭とほうれん草の豆乳スープ	196
No.464	味噌ミルクスープ	196
No.465	きのことブロッコリーのバターミルクスープ	196
No.466	ジャーマンポテトスープ	197
No.467	ベーコンポテトコンソメスープ	197
No.468	ベーコンとほうれん草の春雨スープ	197

野菜、卵、チーズ

No.469	冷凍ブロッコリーとウインナーのコンソメスープ	198
No.470	レタス卵のコンソメスープ	198
No.471	ズボラグラタンスープ	198

コーン、厚揚げ、わかめ

No.472	コーンとえのきとキャベツの和風スープ	199
No.473	レタスと厚揚げの和風スープ	199
No.474	わかめの鶏ガラ麺つゆスープ	199

豚肉、豆腐、春雨

No.475	豚たまあんかけスープ	200
No.476	かにかま卵豆腐スープ	200
No.477	卵とわかめの春雨スープ	200

鶏肉、きのこ、わかめ、豚こま肉、卵

No.478	かきたま鶏ももわかめスープ	201
No.479	きのこかきたま中華スープ	201
No.480	中華わかめ卵のラー油スープ	201
No.481	くたくた豚汁	202
No.482	豚ときのこのピリ辛ごま味噌汁	202
No.483	落とし卵の味噌汁	202

野菜、シュウマイ

No.484	白菜となすの炒め味噌汁	203
No.485	長いもとなめこのとろとろ味噌汁	203
No.486	シュウマイ味噌汁	203

column 超ビギナーさんの自炊テク12
食材の保存あれこれ　野菜・その他編

No.487	キャベツ	204
No.488	じゃがいも	204
No.489	もやし	204
No.490	玉ねぎ	204
No.491	ほうれん草	205
No.492	長ねぎ	205
No.493	ブロッコリー	205
No.494	にんじん	205
No.495	青じそ	206
No.496	にんにく	206
No.497	しょうが	206
No.498	きのこ	207
No.499	ピザ用チーズ	207
No.500	豆腐	207

デザイン	細山田光宣、鈴木あづさ（細山田デザイン事務所）
写真	鈴木泰介（帯、P2〜36、52〜53、73〜76、98〜101、118、144〜147、164、181〜183、204〜207）、ハマごはん
スタイリング	本郷由紀子
調理補助	大林久利子
イラスト	yukke
編集	矢澤純子
編集協力	平井薫子、諸井まみ
DTP	Office SASAI
校正	麦秋アートセンター

PART
01

調理の基本を覚える!
人気レシピ

シンプルなチキンステーキ、定番のハンバーグ、
手軽に作れるコロッケやえびフライなど、
人気メニューを調理法別に紹介します。
焼く、炒める、揚げ焼き、炊く、蒸す、煮る、
電子レンジと、ひと通り試して料理に慣れましょう。

PART
01 焼く
人気レシピ

フライパンに入れた具材を
あまり動かさないで焼くだけ。
特に肉や魚はじっくり焼き色を
つけることで、うまみが閉じ込められます。

No. 001 バターで幸福感！
塩バターチキンステーキ

フライパン

材料（1人分）

鶏もも肉…1枚

片栗粉…大1
塩…小¼
鶏ガラの素…小½

酒…大2
バター…20g

Point!
- 仕上げに好みで黒こしょうをふっても。
- ペーパータオルで油をふくことで調味料がよくなじむ。

作り方

1 鶏肉に穴をあける

鶏肉の両面をフォークで数か所刺す（中まで火が通り、味しみがよくなる）。

2 調味料と粉をまぶす

袋に1、鶏ガラの素、塩を入れてよくもみ込み、片栗粉を加えて全体にまぶす。

3 焼く

フライパンにバターを入れて溶かし、2を皮目を下にして焼き、焼き色がついたら返す。

4 酒を加えて蒸し焼きにする

余分な油をふき、酒を加える。ふたをして火が通るまで弱火で5～6分焼く。

PART
01 人気 レシピ

焼く

No. 002 玉ねぎ不要のシンプル肉だね
ズボラハンバーグ

フライパン

材料（1人分）
- A 合いびき肉…200g
- 塩…少々
- A パン粉…大2
- A 黒こしょう…適量
- B ケチャップ…大1
- B ウスターソース…大1
- A 卵…1個
- B 砂糖…小1
- 油…小1

Point!
- フライパンの中で肉だねの材料を混ぜ合わせれば、ボウルいらず。
- 肉だねは空気を抜くことで、焼いたときに崩れにくくなる。
- 焼いたときに出た肉汁にはうまみがたっぷり。捨てずにソースに加えて。

作り方

1 フライパンで肉だねを混ぜる

フライパンに A を入れてよく混ぜる。

2 成形する

2等分にし、空気を抜きながら丸く成形して並べる。

3 焼く
油を加えて火にかけ、焼き色がつくまで焼く。上下を返してふたをし、火が通るまで弱火で6〜8分蒸し焼きにし、器に盛る。

4 ソースを作る

3のフライパンに B を入れて軽く煮詰めたら、ハンバーグにかける。

PART 01 人気レシピ

焼く

No. 003 生クリームでリッチな味

シンプルオムレツ

フライパン

Point!
・好みでケチャップや市販のデミグラスソースをかけて。

材料（1人分）
- 卵…3個
- 生クリーム…大2
- 油…大1

作り方

1 卵液を流し入れる

卵と生クリームを混ぜ合わせ、油を弱火で熱したフライパンに流し入れる。

2 折りたたむ

へらで外側から内側に向かって手早く混ぜ、底がかたまって半熟状になったら火を止め、折りたたむ。

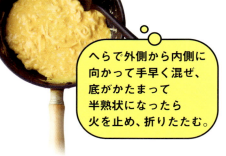

Point!
・焦げないように弱火で加熱し、にんにくの香りを油に移す。

No. 004 にんにくでパンチ力アップ
究極のガーリック目玉焼き フライパン

【材料（1人分）】
- にんにく…1片（薄切り）
- A 塩…1つまみ
- A 黒こしょう…適量
- 卵…2個
- A 赤唐辛子（輪切り）…適量
- オリーブ油…大2

【作り方】

1 にんにくを加熱する
フライパンにオリーブ油、にんにくを入れ、香りが出てくるまで弱火で炒める。

2 卵を入れて焼く
にんにくを端に寄せ、あいたところに卵を割り入れる。にんにくを全体に広げてAを加え、卵が好みのかたさになるまで焼く。

PART 01 人気レシピ

炒める

「焼く」に対して、具材をかき混ぜながら加熱するのが「炒める」。火が通りやすい具材や食感を残したい具材は、時間をかけずに手早く炒めるのがコツ。

No.005 パンチのあるメインおかず
もやし豚キムチ

フライパン

材料（1〜2人分）

豚バラ薄切り肉
…200g（一口大に切る）

- もやし …½袋100g
- A キムチ…150g
- 刻みねぎ…適量
- ごま油…小1
- A 麺つゆ…大1
- A 白ごま…適量
- A おろしにんにく 小1

Point!
- もやしを加えたら、食感が残るようにサッと炒める程度に。
- キムチでほぼ味が決まるから調味料は麺つゆのみで。

作り方

1 豚肉を炒める

フライパンにごま油を入れて熱し、豚肉を入れて軽く焼き色がつくまで炒める。

2 もやしを加える

もやしを加え、全体を混ぜながら軽く炒める。

3 味つけをする

Aを加え、よく混ぜながら炒める。器に盛って刻みねぎをのせる。

PART 01 人気レシピ

Point!
・好みでマヨを添えたり、レモン汁をかけてもgood。

炒める

No. 006 みんな大好きな王道おかず

失敗なしのしょうが焼き

 フライパン

材料（1人分）

- 豚バラ薄切り肉…200g（一口大に切る）
- 片栗粉…小2
- A 酒…大1
- A 砂糖…小1
- A おろししょうが…大1
- A 顆粒だし…小1
- A みりん…大1
- A 醤油…大1
- 油…大1

作り方

1 準備

Aをよく混ぜ合わせる。袋に豚肉、片栗粉を入れ、よくもみ混ぜる。

2 炒める

油を熱したフライパンで1の豚肉を炒める。肉の色が変わったら弱火にしてAを加え、よくからめて火を通す。

No. 007 さくっと作れる！
ニラたま炒め

 フライパン

Point!
・仕上げに好みで白ごまをふっても。

材料（1人分）

- ニラ…½束（5cm幅に切る）
- A 卵…2個
- A 塩…少々
- A おろしにんにく…小½
- A 黒こしょう…適量
- ごま油…大1
- A 鶏ガラの素…小½

作り方

1 ニラを炒める

ごま油を熱したフライパンでニラを軽く炒める。

2 卵液を加えて炒める

Aを混ぜて加え、卵液がかたまるまでサッと炒める。

PART **01** 人気レシピ

揚げ焼き

1人分の揚げものは、少ない油で焼くように揚げる「揚げ焼き」に。加熱中に具材を動かさないことが、カラッと仕上げるポイントです。

No.008 レンジで超時短！
ゆで炒めいらずの簡単コロッケ

レンジ　フライパン

材料（1人分）

- じゃがいも…1個150g（小さめに切る）
- パン粉…大4
- 卵…1個
- A 黒こしょう…適量
- A 塩…少々
- 合いびき肉…100g
- 小麦粉…大1
- A 砂糖…小1/2
- A 醤油…小1/2
- A 顆粒コンソメ…小1/2
- 油…大5

Point!
- レンジ加熱で、じゃがいもをゆでたり肉を炒めたりする手間をカット。
- 好みでソースを。

作り方

1 レンジでチン

容器にじゃがいもを入れ、ラップをして3分チン。ひき肉を加えて軽く混ぜ、再びラップをして3分チン。

2 調味料を混ぜる

Aを加え、じゃがいもをフォークでつぶしながら混ぜ、粗熱を取る。

3 成形して衣をつける

2等分にして丸める。小麦粉をまぶし、溶いた卵にくぐらせ、パン粉を全体にまぶす。

4 揚げ焼きにする

フライパンに油を入れて熱し、3を入れてカリッとするまで両面を揚げ焼きにする。

PART 01 人気レシピ

揚げ焼き

No. 009 食べごたえ満点！
絶品ハムカツ
フライパン

Point!
・好みでとんかつソースをかけて。レモンを絞ってもおいしい。

材料（1人分）

油…大5
A 卵…1個

ハム…10枚

スライスチーズ（溶けないタイプ）…8枚
パン粉…50g
A 水…大1
A 小麦粉…大3

作り方

1 準備

ハム5枚とチーズ4枚を1組にして、1枚ずつ交互に重ね、2組作る。チーズがはみ出す部分は写真のように折り込む。混ぜ合わせた A にくぐらせ、パン粉を全体にまぶす。

2 揚げ焼きにする

フライパンに油を熱して 1 を入れ、両面がこんがり色づくまで揚げ焼きにする。

No.010 冷凍むきえびでお手軽に
最強えびフライ

 フライパン

Point!
・好みでケチャップやマヨ、レモンなどを添えても。

材料（1人分）

- 冷凍むきえび…150g（解凍して水気をふく）
- パン粉…大5
- 卵…1個
- 小麦粉…大2
- A 顆粒コンソメ…小½
- 油…大5
- A 黒こしょう…適量

作り方

1 準備

袋にえび、A を入れてふりながらまぶし、小麦粉を加えて再びふって全体にまぶす。溶いた卵にくぐらせ、パン粉を全体にまぶす。

2 揚げ焼きにする

フライパンに油を入れて熱し、1 を火が通るまで揚げ焼きにする。

PART 01 人気レシピ

炊く

材料を入れてスイッチを押したら、あとは炊飯器におまかせ！

Point!
・加熱ムラがないように炊飯釜に具材は広げて加える。

No.011 具だくさんで豪華！
究極の炊き込みビビンバ

 炊飯器

材料（2〜3人分）

- 牛こま肉…150g
- 白米…2合（洗って水気をきる）
- にんじん…½本（細切り）
- 卵…1個（1人分）
- A コチュジャン…大1
- A 鶏ガラの素…小1
- A 麺つゆ…大1
- A 焼き肉のたれ…大4
- B 刻みのり…適量
- B 刻みねぎ…適量
- B ごま油…適量
- B キムチ…適量

作り方

1 炊飯釜に入れる

炊飯釜に米、牛肉、にんじん、Aを入れ、2合の目盛りまで水を加えて軽く混ぜる。

2 炊く

通常炊飯。炊き上がったらよく混ぜて器に盛る。卵は卵黄を取り分けてのせ、Bをかける。

蒸す

材料を入れたらふたをして火にかけるだけ。
フライパンで作れて意外と簡単!

No. 012 ワインにもよく合う
鮭のアクアパッツァ フライパン

Point!
・鮭の代わりにたいや タラなどで作っても 美味。

材料（1〜2人分）
- にんにく…3片（半分に切る）
- 鮭…2切れ
- シーフードミックス（冷凍）…150g
- 黒こしょう…適量
- A 塩…小1/2
- A 水…80ml
- ドライパセリ…適量
- A オリーブ油…大2
- A 酒…大1

作り方

1 材料を入れる

フライパンにAを入れて混ぜ、鮭、シーフードミックス、にんにくを加える。

2 蒸す

ふたをして弱火で4分蒸し、上下を返してさらに3分蒸す。器に盛って黒こしょう、ドライパセリをふる。

PART 01 煮る

人気レシピ

難易度が高いと思われがちですが、
煮ている間はほったらかしでいいのでラクちん。
ちょっと時間をかけた分、
素材のうまみが溶け出した極上の味に。

No. 013 ルウを使わず本格味！
チキンごろごろカレースープ

フライパン

材料（1～2人分）

鶏もも肉…½枚
（一口大に切る）

ブロッコリー…80g（小房に分ける）
牛乳…100㎖

A 水…200㎖
A 酒…大1
A カレー粉…大1
粉チーズ…大2
A 顆粒コンソメ…小1
おろしにんにく…小½
オリーブ油…小1

Point!
・好みで仕上げにドライパセリをふってもgood。
・粉チーズを加えることでコクがアップする。

作り方

1 鶏肉を炒める

オリーブ油を熱したフライパンに鶏肉を入れ、焼き色がつくまで炒める。

2 にんにく、ブロッコリー、調味料を加えて煮る

おろしにんにく、ブロッコリーを加えて軽く炒める。弱火にしてAを加え、ブロッコリーに火が通るまで5分ほど煮る。

3 残りの材料を加えて煮る

牛乳、粉チーズを加えて混ぜ、軽くとろみがつくまで煮る。

PART 01 人気レシピ 電子レンジで

温めだけでなく、おかずからパスタまで調理に活躍。洗い物が少ないのもうれしい。

No.014 炭酸水で肉がやわらか！
つゆだくトロトロ角煮 レンジ

Point!
・好みでゆで卵、刻みねぎを添え、白ごまをふって。

材料（1〜2人分）

- 豚バラかたまり肉…300g
- A 炭酸水（または水）…100ml
- A 醤油…大3
- A みりん…大3
- A おろししょうが…小1
- A 砂糖…大3
- A 白だし…大1

作り方

1 豚肉に穴をあけて切る

豚肉はフォークで数か所刺し、2cm幅に切る。

2 レンジでチン

容器に1、Aを入れて混ぜ、ラップをして10分チン。

Point!
・好みでドライパセリをふっても。

No. 015 ナポリタンとカルボナーラをMIX!
シーフードナポリナーラ

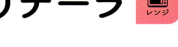　レンジ

材料（1人分）

- 卵…1個
- B バター…10g
- パスタ（7分ゆでを使用）…100g
- シーフードミックス（冷凍）…80g
- A 顆粒コンソメ…小1/2
- B 粉チーズ…大1
- B 黒こしょう…適量
- A 水…250mℓ
- A オリーブ油…大1
- A おろしにんにく…小1/2
- B ケチャップ…大2

作り方

1 材料を入れてチン

耐熱ボウルにパスタを半分に折って入れ、シーフードミックス、A を加える。ラップなしで10分チン。

2 卵などを混ぜる

卵を割り入れ、B を加えてよく混ぜる。

column 超ビギナーさんの自炊テク 01

料理の第一歩は計量！

初心者が失敗しないコツは、レシピ通りに作ること。まずはきちんと計量しましょう。

No.016 計量スプーンがなくても大丈夫！

P8で計量の基本を紹介しましたが、おうちに計量スプーンがない場合は、身近なアイテムを使って計量することもできます。

スプーンで

- ティースプーン1杯＝約小1
- カレースプーン1杯＝約大1

ペットボトルのふたで

1杯（スクリュー線まで）＝小1
一番上のスクリュー線（ふたの内側にある溝）まで注ぐと小1。

2杯（満タン）＝大1
ふちのギリギリのところまで満タンに注ぐと大½。

No.017 デジタルスケールが便利！

0表示機能があるデジタルスケールは、ボウルなどの重さを差し引いて計量できてラクちん。材料を入れるたびに0表示に戻せば、複数の調味料をボウルに合わせながらはかれます。液体類も重さの目安を知っておけば、デジタルスケールだけで計量できますよ。

主な液体調味料の重さ（g）の目安

	小1	大1
水、酒、酢	5g	15g
醤油、みりん	6g	18g

ボトルから直接入れられるからラク！

No.018 食材の重さの目安を知っておこう

よく使う食材の重さのだいたいの目安を知っておけば、1つ1つはかる手間を省けます。

100gってこのくらい

にんじん ½本

玉ねぎ ⅓～½個

キャベツ 3～4枚

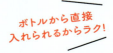
もやし ½袋

しめじ 1パック

小松菜 2～3株

PART 02

動かさずに、じっと待つ！
焼くだけレシピ

肉や魚、野菜や豆腐のソテー、
お好み焼き、オムレツ、フレンチトーストなど。
フライパンに素材を入れたらあまり触らず、
じっくりと香ばしい焼き目をつけるレシピです。
動作が少なくてシンプルだから、ビギナーさん向け！

PART 02 焼くだけレシピ

鶏もも肉・ソテー

No.019 鶏もも肉の塩オリーブオイルソテー

ふっくら、ジューシー！

フライパン

1人分

① 袋に鶏もも肉1枚を入れて麺棒などで両面をたたく。片栗粉大1、おろしにんにく小1、塩こしょう適量を加え、もみ込む。

② フライパンにオリーブ油大1を弱〜中火で熱し、1の皮目を下にして焼き色がつくまで5分焼く。

③ 余分な油をふいて返し、酒大1を加え、ふたをして火が通るまで5分ほど焼く。

Point! 様子を見ながらときどき返して焼く。好みで黒こしょうやドライパセリを。

No.020 ねぎだれチキンステーキ

パリパリの皮とねぎだれが合う

フライパン

1人分

① 袋に鶏もも肉1枚(フォークで数か所穴をあける)、片栗粉・酒各大1、おろししょうが小1、塩小1/3を入れてもみ込み、10分おく。

② ボウルなどに長ねぎ10cm(みじん切り)、水大2、醤油大1、ごま油小1、鶏ガラの素小1/2を入れて混ぜる。

③ 油小1を熱したフライパンで1の皮目を下にして焼く。焼き色がついたら返してふたをし、火が通るまで弱火で3分焼き、2をかける。

Point! フォークで穴をあけることでやわらかくなり、中まで味がしみ込む。

No.021 鶏もも肉のケチャップソースあえ

甘く濃厚なソースにハマる

フライパン

1人分

① 袋に鶏もも肉1枚を入れて麺棒などで両面をたたく。塩こしょう3〜5ふり、片栗粉小2を加え、もみ混ぜる。

② フライパンに油大1を弱〜中火で熱し、1の皮目を下にして5分ほど焼く。焼き色がついたら返して弱火にし、酒大1を加え、ふたをして5分ほど焼く。

③ 火が通ったら、ケチャップ大2、砂糖・ウスターソース各小1を加え、1分ほど煮からめる。

Point! 皮目にこんがり焼き色をつける。好みでドライパセリをふって。

38

No.022 鶏むね肉のふっくらジューシーソテー

パサつくなんてもう言わせない

1人分

1. 袋に鶏むね肉1枚(そぎ切り)、醤油・みりん・砂糖・マヨ各大1を入れてもみ込み、30分おく。片栗粉大1を加えてもみ込む。
2. 油大1を弱〜中火で熱したフライパンで1を焼き、両面に焼き色をつける。

Point! 30分おくことでむね肉がやわらかくなり、味がしっかりなじむ。

フライパン

No.023 鶏むね肉のチーズソテー

チーズが魅惑♡

1人分

1. 袋に鶏むね肉1枚(皮を取ってそぎ切り)、焼き肉のたれ大2、酒大1、おろしにんにく小½を入れてもみ込み、30分おく。片栗粉大2を加えてもみ込む。
2. 油大1を弱〜中火で熱したフライパンで1を焼く。焼き色がついたら返して弱火にし、ピザ用チーズ1つかみを加え、ふたをして1分焼く。

Point! チーズが溶けたらOK。黒こしょうをふっても美味。

フライパン

No.024 ささみの塩レモンソテー

濃厚でも、あと味さわやか

1〜2人分

1. 袋に鶏ささみ4本(筋を除く)、鶏ガラの素小1、塩小⅓を入れてもみ込み、小麦粉大1を加えて全体にまぶす。
2. フライパンにバター10gを溶かして1を入れ、弱〜中火で焼く。焼き色がついたら返してバター10gを加えて同様に焼き、レモン汁小1、黒こしょう適量をふる。

Point! バターでソテーして濃厚に。好みでレモンを。

フライパン

鶏むね肉、鶏ささみ・ソテー

PART 02 焼くだけレシピ

豚ロース肉・ソテー

No.025 豚ロースのジャポネソテー

玉ねぎ効果で肉がふっくら

1人分

1. ボウルに玉ねぎ1/4個（すりおろす）、焼き肉のたれ大2、おろしにんにく小1/2を入れて混ぜる。
2. 袋に豚ロースしょうが焼き用肉2枚、片栗粉小1、塩こしょう少々を入れてもみ込む。
3. 油大1を熱したフライパンで2を焼き、焼き色がついたら返して弱火にし、1を加えてからめる。

Point! たれを加えたら、からめながら焼く。好みでドライパセリをふっても。

（フライパン）

No.026 和風ポークソテー

ご飯がすすむ甘辛味！

1人分

1. 袋に豚ロースしょうが焼き用肉2枚、片栗粉大1、塩こしょう2～3ふり、おろししょうが小1を入れてもみ込む。
2. 油大1を熱したフライパンで1を焼き、焼き色がついたら返して弱火にし、醤油・みりん各大1、砂糖・顆粒だし各小1を加え、からめる。

Point! 調味料が焦げないように弱火にして加える。せん切りキャベツを巻いて食べるとgood。

（フライパン）

No.027 味噌バターポークソテー

ご飯泥棒決定！

1人分

1. 豚ロースステーキ用肉150g（包丁の背で数回たたき、筋を数か所切る）の両面に塩こしょう少々をふり、片栗粉小2をまぶす。
2. フライパンにバター20gを溶かし、おろしにんにく小1を加え、1を焼く。焼き色がついたら返して弱火にし、火が通ったら、混ぜ合わせたみりん大1、味噌小2を加えてからめる。

Point! 筋を切ると肉が反らずに焼ける。片栗粉をまぶすと味がよくからむ。

（フライパン）

No.028 パックのままで丸ごとねぎ塩豚バラ

薄切り肉が大変身!

1人分

1. 長ねぎ10cm(みじん切り)、ごま油大2、おろしにんにく・鶏ガラの素各小1を混ぜ合わせる。
2. 油小1を熱したフライパンに**豚バラ薄切り肉200g**をパックから直接入れ、焼き色がつくまで焼く。豚肉を返し、塩1つまみ、黒こしょう適量を加え、ふたをして弱火で1分加熱する。
3. 1を加えてからめ、器に盛ってレモン汁小1を回しかける。

Point! 豚肉は重なったまま焼くことで、厚みのある仕上がりに。

フライパン

No.029 パックのままで照り焼き豚バラ

包丁いらずでラク!

1〜2人分

A 醤油大3、酒・みりん各大2、砂糖大1、おろしにんにく小1

1. **A**をよく混ぜ合わせる。
2. 油小1を熱したフライパンに**豚バラ薄切り肉250g**をパックから直接入れ、焼き色がつくまで焼く。
3. 豚肉を返し、1を加えてからめ、火が通るまで弱火で焼く。白ごま・刻みねぎ各適量をのせる。

Point! 調味料は最初に混ぜておくとスムーズ。好みでせん切りキャベツを敷く。

フライパン

No.030 豚バラ肉でピリ辛ソテー

カリカリで香ばしい

1人分

1. 油小1を熱したフライパンに**豚バラ薄切り肉150g**(一口大に切る)を入れ、塩こしょう少々をふって両面をカリッと焼く。
2. 焼き色がついたら弱火にし、醤油小2、みりん・砂糖各小1、酢小1/2を加えてからめ、七味唐辛子適量をふる。

Point! 肉をあまり動かさず、カリカリになるまで焼く。焦げないように調味料は弱火にしてから加える。

フライパン

豚バラ肉・ソテー

PART 02 焼くだけレシピ

豚バラ肉・肉巻き

No.031 ピーマン豚バラのくるくる巻き

苦みがアクセント

1人分

A 醤油大2、みりん・酒各大1、砂糖小1、おろしにんにく・おろししょうが各小½

1. 豚バラ薄切り肉200gに塩こしょう適量をふり、片栗粉大1をまぶす。肉を1枚ずつ広げ、ピーマン2個(縦に細切り)を均等にのせて包む。

2. 油大1を熱したフライパンで1を焼き色がつくまで焼く。弱火にし、Aを加えてからめ、白ごま適量をふる。

Point! 肉はころがしながら全面を焼き、調味料が焦げないように弱火にする。

フライパン

No.032 豚バラねぎ巻き

ねぎがとろける!

1人分

1. 長ねぎ1本に豚バラ薄切り肉150gを巻きつけて覆い、食べやすい長さに切る。

2. ごま油小1を熱したフライパンで1を焼き色がつくまで焼き、焼き肉のたれ大2、おろしにんにく小½、黒こしょう適量を加えてからめる。

Point! 切ってから肉を巻くより、丸ごと1本に巻いてから切ったほうがラク。

フライパン

No.033 レタス豚バラのくるくる巻き

食感がくせになる!

1人分

1. 豚バラ薄切り肉200gを1枚ずつ広げ、レタス2〜3枚(細切り)を均等にのせて巻く。

2. 油小1を熱したフライパンに1を並べ、塩こしょう少々をふり、酒大1を加えてふたをして弱火で焼く。

3. 肉に火が通ったら、混ぜ合わせたポン酢大1、ラー油小1、おろしにんにく小½を加えてからめる。

Point! ふたをしたら弱火で蒸し焼きにし、ほどよくレタスに火を通す。

フライパン

No.034 トマトソースチーズハンバーグ

肉汁とチーズがとろ〜り♡

1〜2人分

1. 袋に合いびき肉300g、卵1個、パン粉大2、塩こしょう少々を入れて混ぜ、2等分にする。スライスチーズ（とろけるタイプ）2枚を1枚ずつ中に入れて小判形に成形し、空気を抜く。
2. 油小1を熱したフライパンで焼き、焼き色がついたら返し、ふたをして弱火で8分焼く。
3. ホールトマト缶½個200g、水50ml、顆粒コンソメ小1を加え、約3分煮る。

Point! 焼き色がついたら、ふたをして中まで火を通す。好みでパセリのみじん切りや生クリームをかけて。

No.035 きのこ煮込みハンバーグ

うまみたっぷり！

1人分

1. フライパンに合いびき肉150g、玉ねぎ¼個（みじん切り）、卵1個、パン粉大2、牛乳大1、塩こしょう少々を入れてこね、丸く成形して空気を抜く。
2. 油小1を熱したフライパンで1を焼く。焼き色がついたら返し、弱火にして水大3、ケチャップ・焼き肉のたれ各大2、顆粒コンソメ小1を加え、全体にからめる。
3. しめじ50g、まいたけ50g（ともにほぐす）を加え、ふたをして火が通るまで5分煮る。

Point! フライパンの中で肉だねを混ぜれば洗い物が減る。好みでパセリのみじん切りを。

ひき肉・ハンバーグ

PART 02 焼くだけレシピ

ひき肉・ハンバーグ

No.036 豆腐ハンバーグ

ふっわふわでヘルシー

1人分

1. 容器に木綿豆腐1/3丁100g(ペーパータオルで包む)を入れ、3分チンして水気をきる。
2. 袋に合いびき肉200g、**1**、卵1個、パン粉大2、塩こしょう少々を入れてもみ混ぜ、2等分にして小判形に成形し、空気を抜く。
3. 油小1を熱したフライパンで**2**を焼く。焼き色がついたら返してふたをし、弱火で火が通るまで8分焼いて器に盛る。
4. **3**のフライパンに焼き肉のたれ大2、麺つゆ小2、おろしにんにく小1を加えて混ぜ、ハンバーグにかける。

Point! ハンバーグを取り出したら、ソースの材料をフライパンに入れ、余熱でなじませる。

レンジ / フライパン

No.037 簡単ひじき豆腐ハンバーグ

具だくさんで栄養満点!

1人分

1. 容器に豆腐1/2丁150g(ペーパータオルで包む)を入れ、3分チンして水気をきる。別の容器ににんじん1/2本(みじん切り)を入れ、ラップをして1分チン。
2. フライパンに鶏ひき肉150g、**1**、玉ねぎ1/2個(みじん切り)、釜揚げひじき60g、片栗粉大2、塩こしょう少々を入れてよくこね、2〜3等分にして丸める。
3. 油小1を加えて焼き、焼き色がついたら返し、弱火にしてみりん・酒各大2、醤油・砂糖各大1を加え、火が通るまで焼く。

Point! フライパンの中で肉だねを混ぜればラク。好みの大きさに丸めて。

レンジ / フライパン

No.038 包まないズボラ餃子

食べれば餃子!

1〜2人分

① ボウルに豚ひき肉150g、ニラ40g、キャベツ1枚(ともにみじん切り)、鶏ガラの素小1、おろしにんにく・おろししょうが各小1/2、こしょう適量を入れて混ぜる。

② ごま油大1を熱したフライパンに餃子の皮8枚を敷き詰め、1をのせて広げる。焼き色がついたら返し、弱火にして酒大2を回し入れ、ふたをして5分焼く。食べやすく切る。

Point! ニラは調理バサミで切るとラク。皮は隙間なく並べて。好みでポン酢をかけ、糸唐辛子をのせても。

No.039 まいたけつくね

かむと香りがふわっ♩

1人分

① ボウルに鶏ひき肉150g、まいたけ50g(みじん切り)、卵1個、片栗粉大1、鶏ガラの素・おろししょうが各小1/2、塩こしょう少々を入れてよく混ぜ、スプーンで一口大に丸める。

② 油大1を熱したフライパンに1を並べ、焼き色がつくまで両面を焼く。弱火にし、焼き肉のたれ大2を加えてからめながら火を通す。

Point! 肉だねを計量スプーンなどですくって丸める。好みで白ごまをふっても。

ひき肉・餃子、つくね

PART 02 焼くだけレシピ

魚・ソテー

No.040 鮭の青のりマヨソテー

マヨでしっとり、ふんわり

1〜2人分

1. 鮭2切れに塩こしょう少々をふり、マヨ大2を塗って青のり小1をまぶす。
2. フライパンにバター10gを溶かし、1を焼く。焼き色がついたら返して弱火にし、ふたをして火が通るまで焼く。

Point! マヨがのり代わりになり、表面に青のりがつく。パセリのみじん切りをふってレモンを添えても。

No.041 ぶりのガーリックソテー

お酒のあてにもよし！

1〜2人分

1. ぶり2切れに塩こしょう少々をふって軽くもみ込み、片栗粉適量をまぶす。
2. 油小1を熱したフライパンで焼く。焼き色がついたら返し、火が通ったら弱火にして醤油・みりん各小2、砂糖・おろしにんにく各小1を加え、からめる。

Point! 片栗粉をまぶして焼くとたれがからみやすくなる。パセリのみじん切りをふっても。

No.042 さばのソテー甘酢あんかけ

ご飯にのせたくなる

1〜2人分

A｜水100㎖、みりん大2、醤油・酢・砂糖各大1、片栗粉大½、顆粒だし小½

1. 容器ににんじん⅓本（細切り）を入れ、ラップをして1分半チン。ピーマン1個（細切り）、玉ねぎ¼個（薄切り）を加えて再び2分チン。
2. 袋にさば（切り身）150g（水気をふく）、片栗粉大2を入れてもみ込む。
3. 油小1を熱したフライパンで2を両面に焼き色がつくまで焼く。1を加え、火が通ったら、混ぜ合わせたAを加えて軽く煮る。

Point! 片栗粉が沈澱するのでAは加える前にもよく混ぜ合わせる。

No.043 究極のお好み焼き

ヘビロテ確定!

1～2人分

1. ボウルに卵1個、小麦粉50g、水100ml、鶏ガラの素小1/2を入れて混ぜ、キャベツ150g（せん切り）を加えてさらに混ぜる。
2. 油小1を熱したフライパンでベーコン50gを軽く焼き、取り出す。
3. 2のフライパンに1を流し入れて平らにし、ベーコンをのせて弱～中火で両面3分ずつ焼く。お好みソース・マヨ・青のり各適量をかける。

Point! 生地の上にカリッと焼いたベーコンをのせ、弱～中火で焼くことでパリふわに仕上がる。

No.044 余りがちな野菜でお手軽チヂミ

食感が楽しい

1～2人分

1. ボウルにキャベツ2枚、にんじん1/4本（ともにせん切り）、玉ねぎ1/4個（薄切り）、なす1/4本（細切り）、小麦粉60g、水100ml、鶏ガラの素小1を入れて混ぜる。
2. ごま油大2を熱したフライパンに1を流し入れて平らにし、両面をカリッと焼いたら食べやすい大きさに切る。

Point! 野菜は市販のカット野菜やミックスサラダ80gでもOK。好みで糸唐辛子をのせ、ポン酢をつけて。

No.045 じゃがいもと玉ねぎのもちもちチヂミ

ポン酢とじゃがいもが合う

1～2人分

1. 容器にじゃがいも2個（小さめに切る）、水大1を入れ、ラップをして6分チンし、つぶす。
2. 1に玉ねぎ1/2個（薄切り）、卵1個、水大2、小麦粉・片栗粉各大1、鶏ガラの素小1を加えて混ぜる。
3. 油大1を熱したフライパンに2を流し入れて平らにし、焼き色がつくまで両面を焼く。ポン酢適量をかけ、刻みねぎ適量をのせる。

Point! じゃがいもは小さめに切ると火が通りやすくなる。熱いうちにつぶして。

野菜・お好み焼き、チヂミ

PART 02 焼くだけレシピ

野菜・ソテー

No.046 小松菜のバターふりかけソテー

じゃこが決め手！

1人分

1. 小松菜1袋（2〜3cm幅に切る）は水に10分つけて水気をきる。
2. フライパンにバター10gを入れて溶かし、**1**を焼く。ちりめんじゃこ30g、醤油・みりん各大1を加え、汁気がなくなったら白すりごま大1を混ぜてかつお節1パック1gを散らす。

Point! 葉野菜は水につけるとパリッと食感よく仕上がる。しんなりするまで加熱したら、じゃこを投入。

（フライパン）

No.047 ほうれん草の塩バターソテー

みんな大好きな味

1人分

1. 鍋に湯を沸かしてほうれん草70g（3cm幅に切る）を軽くゆで、水気をきる。
2. フライパンにバター20gを入れて溶かし、**1**、ベーコン50g（1cm幅に切る）を入れて焼く。塩2つまみ、鶏ガラの素小¼、黒こしょう適量を加えてからめる。

Point! ほうれん草にバターをなじませ、ベーコンに火が通ったら調味料を加える。

（鍋／フライパン）

No.048 ブロッコリーのペペロンソテー

ワンパンで超ラク

1人分

1. フライパンにブロッコリー150g（小房に分ける）、水大2を入れ、ふたをして弱火で3分蒸し焼きにする。
2. オリーブ油大2、にんにく1片（みじん切り）、塩1つまみ、黒こしょう適量、赤唐辛子（輪切り）適量を加え、焼き色がつくまで焼く。

Point! ブロッコリーはフライパンで蒸し焼きにしたあと、そのまま焼きつける。

（フライパン）

No.049 究極の豆腐照りマヨソテー

こっくり大満足の味!

1人分

1. 容器に豆腐½丁150g(ペーパータオルで包む)を入れて3分チン。水気をきって6等分に切る。
2. フライパンに片栗粉大2を入れて1を並べ、全体にまぶす。油大1を加えて熱し、焼き色がつくまで焼く。
3. 弱火にして醤油・酒各大1、砂糖小2、顆粒だし小1を加え、汁気がなくなるまでからめる。マヨ・黒こしょう各適量をかけ、刻みねぎ適量をふる。

Point! 片栗粉をまぶすと表面がカリッと焼ける。

レンジ／フライパン

No.050 油淋鶏風厚揚げソテー

鶏肉よりヘルシー!

1人分

1. 油大1を熱したフライパンで厚揚げ1パック100g(食べやすく切る)を焼いて全体に焼き色をつける。
2. ボウルに長ねぎ½本(みじん切り)、焼き肉のたれ大1、ごま油小1、酢小½を入れて混ぜ、1に加えてからめる。

Point! 厚揚げは表面がカリッとするまで焼く。好みで白ごまをふっても。

フライパン

No.051 厚揚げタルタル

見た目よりガッツリ系!

1人分

1. 油小1を熱したフライパンで厚揚げ1パック100g(食べやすく切る)を焼く。全体に焼き色がついたら、焼き肉のたれ大1、おろしにんにく小½を加えてからめる。
2. ボウルにゆで卵1個(つぶす)、マヨ大2、塩こしょう少々を加えてよく混ぜ、1にかける。

Point! ゆで卵は市販品を使うと手軽。好みで黒こしょう、パセリのみじん切りをふっても。

フライパン

豆腐、厚揚げ・ソテー

PART 02 焼くだけレシピ

卵・目玉焼き、オムレツ

No.052 究極のハムエッグ

いつもと違う目玉焼きに！

1人分

1. フライパンにオリーブ油・おろしにんにく各小1を入れて熱し、ハム2枚を入れて軽く焼き色をつける。
2. 卵2個を割り入れ、バター10gを加えて溶かしながら焼く。焼き肉のたれ大1、黒こしょう・ドライパセリ各適量をかける。

Point! 卵の焼き加減はお好みで。縁をカリカリに焼くとおいしい。

No.053 ヘルシーオムレツ

ブランチにいかが？

1人分

1. ボウルに卵3個、牛乳大2を入れてよく混ぜる。
2. フライパンに油大1を入れて弱火で熱し、1を流し入れ、外側から内側に手早くかき混ぜる。
3. 底がかたまってきたらツナ缶1個70g（油をきる）、ピザ用チーズ50gをのせて包む。

Point! 卵が半熟になったら具材を真ん中にのせ、両側から折りたたむ。好みでケチャップ、ドライパセリをかけて。

No.054 簡単スパニッシュオムレツ

自慢できるひと皿

1～2人分

1. ボウルに卵3個、ミニトマト3個（ヘタを取って半分に切る）、ピーマン1個（小さく切る）、じゃがいも1個（小さく切る）、粉チーズ大1、顆粒コンソメ小1/4を入れて混ぜる。
2. オリーブ油大2を弱火で熱したフライパンに1を流し入れる。数回混ぜてふわっとかたまったら、ふたをして7分焼き、返して再び3分焼く。食べやすく切る。

Point! 卵が半熟になったら、ふたをして蒸し焼きに。好みでケチャップ、パセリのみじん切りをかけて。

No.055 フレンチ風シュガートースト

2分で完成!

1人分

フライパンにバター20gを入れて溶かし、食パン(6枚切り)1枚を入れて焼く。焼き色がついたら返し、混ぜ合わせた牛乳・砂糖各大2を加え、牛乳がなくなるまでからめる。

> **Point!** 仕上げにドライパセリをふってもおしゃれ。

No.056 黄金エッグチーズサンド

とろりと溶け出す♡

1人分

① ボウルに卵2個、ピザ用チーズ1つかみを入れてよく混ぜる。

② フライパンにバター10gを入れて弱火で溶かし、1を流し入れ、食パン(6枚切り)1枚(半分に切る)をのせる。卵が半熟になったら返し、パンに焼き色がついたら折りたたむ。

> **Point!** 焦げやすいので弱火で焼く。ドライパセリをふっても。

No.057 究極のフレンチトースト

おうちでカフェ気分!

1人分

① ボウルに卵2個、牛乳200ml、砂糖大3を入れてよく混ぜ、食パン(6枚切り)2枚(耳を切り落として食べやすく切る)を5分浸す。

② フライパンにバター20gを入れて溶かし、1を並べて両面に焼き色をつける。はちみつ適量をかける。

> **Point!** 好みで粉砂糖やドライパセリをふったり、追いバターをしても美味。

食パン・トースト

ひと手間で肉をおいしく！

肉の下ごしらえをまとめました。少しの工夫で仕上がりが大きく変わります。

column 超ビギナーさんの自炊テク 02

No.058 「ドリップ」ってなに？

ドリップとは、肉の内部からたんぱく質が水分とともに流れ出てきたもの。臭みやパサつきの原因になるため、ふき取ってから使いましょう。

ペーパータオルなどで臭みのもとを除去！

No.059 厚みのある肉は穴をあける

鶏肉、豚とんかつ用肉、かたまり肉など、厚みのある肉はフォークで数か所刺して穴をあけると味がしみ込みやすくなります。

中まで均一に火が通る効果も！

No.060 おいしさアップの下ごしらえ

筋を切る

肉が縮むのを防ぎ、やわらかくなる

豚とんかつ用肉、鶏もも肉などは赤身と脂の間にある白い部分に包丁で数か所切り込みを入れ、筋を断ち切ります。

脂を除く

カロリーカットになり、ヘルシー

鶏もも肉などは脂（黄色いかたまり部分）を包丁でそぐようにして切り取ると臭みが取れて味がよくなります。

たたく

火の通りや味しみのよさもアップ

豚とんかつ用肉、ステーキ用肉などは包丁の背で厚みが均一になるくらいまでたたくと繊維が壊れてやわらかさUP。

No.061 鶏むね肉はそぎ切りがベスト!

かたくなりやすい鶏むね肉は、包丁を斜めに寝かせて切る「そぎ切り」にすると、繊維が断ち切られてやわらかくなります。表面積が広くなり、味や熱も入りやすいです。

皮目を下に置くと切りやすい

No.062 加熱時に出た脂はふき取って

脂身が多い肉を加熱したときは、脂がたくさん出てきます。そのままだと油っぽくなったり、味がぼやけたりするため、ペーパータオルなどでふき取ってから調味料を加えます。

豚バラ肉、鶏もも肉など

No.063 ジューシーに仕上がるワザ

粉をまぶす

ポリ袋を使うとラク!

肉に片栗粉を薄くまぶすことで、うまみや水分が閉じ込められます。ジューシー感がアップし、味をまといやすくなります。

から揚げの衣にマヨをプラス

から揚げの衣には、マヨを加えるのがおすすめ。マヨの力で鶏肉がやわらかくなり、ジューシーな口あたりに。

おすすめのから揚げ衣

マヨ大2
＋
酒大1
＋
鶏ガラの素小2
＋
塩小½

※鶏肉200gあたり

PART 03

フライパン1つで作れる!
ささっと
炒めもの

おかずに迷ったときは、とりあえず炒めものを。
肉、魚、野菜や大豆製品、卵などの素材を組み合わせ、
味つけを変えるだけで、バリエーションは無限大!
野菜は加熱しすぎると水っぽくなるので、
シャキッと食感を残したいときは手早く仕上げて。

No.064
豚バラとブロッコリーのスパイシー炒め

カレー粉でパンチ大！

1人分

A | おろしにんにく小2、カレー粉・顆粒コンソメ各小1、黒こしょう適量

1. オリーブ油小1を熱したフライパンで**豚バラ薄切り肉200g**(食べやすく切る)を焼き色がつくまで炒める。
2. **ブロッコリー80g**(小房に分ける)、**A**を加え、火が通るまで炒める。

Point! ブロッコリーは根元のかたい部分をピーラーでむいて取り除くと舌触りがよくなる。

No.065
豚キャベ照り焼き

キャベツもモリモリいける！

1人分

1. 油小1を熱したフライパンで**豚バラ薄切り肉200g**(食べやすく切る)を焼き色がつくまで炒めたら裏返し、醤油・みりん各大2、砂糖大1を加えてからめる。
2. **長ねぎ10cm**(小口切り)を加え、汁気が少し残るくらいまでさらに炒める。
3. **キャベツ適量**(せん切り)とともに器に盛り、刻みねぎ・白ごま各適量をふる。

Point! キャベツを肉で巻いて食べて。キャベツのせん切りは市販のカット野菜を使うとラク。

No.066
豚マヨポン酢炒め

しょうがで風味UP

1人分

1. ポン酢大1、おろししょうが小1、砂糖小1/2を混ぜ合わせる。
2. 油小1を熱したフライパンで**豚バラ薄切り肉150g**(食べやすく切る)を焼き色がつくまで炒める。
3. **玉ねぎ1/4個**(薄切り)を加えて火が通るまで炒める。**1**を加えてからめ、マヨ・刻みねぎ各適量をかける。

Point! 豚肉から脂が出たら、ペーパータオルでふいてから玉ねぎを加えて。

豚バラ肉

PART 03 ささっと炒めもの

No.067 豚バラチャプチェ風

つるっと感が最高!

1人分

A 焼き肉のたれ大2、酒大1、醤油小1、おろしにんにく小½、白ごま適量

1. 春雨(乾燥)40gを袋の表示通りに戻す。
2. ごま油小1を熱したフライパンで豚バラ薄切り肉100g(食べやすく切る)、にんじん⅓本(細切り)を炒める。
3. にんじんに火が通ったらピーマン1個(縦に細切り)、玉ねぎ¼個(薄切り)を加えてさらに炒め、1、Aを加えてからめる。

（フライパン）

Point! 春雨をフライパンに加えたら、調味料を吸わせるようによくからめる。

No.068 豚バラマッシュポテト

つぶしたいもがなめらか!

1人分

1. 容器にじゃがいも2個(小さめに切る)を入れ、ラップをして8分チン。粗熱が取れたらつぶし、一口大に丸める。
2. 油小1を熱したフライパンで豚バラ薄切り肉150g(食べやすく切る)を焼き色がつくまで炒め、1を加えてさらに炒める。
3. じゃがいもに焼き色がついたら弱火にし、焼き肉のたれ大1、おろしにんにく小½を加えてからめる。黒こしょう・ドライパセリ各適量をふる。

（レンジ）（フライパン）

Point! じゃがいもは小さめに切れば熱が通りやすくなり、早くやわらかくなる。

No.069 豚肉と春雨の野菜炒め

中華風の味つけに

1人分

1. 春雨(乾燥)40gを袋の表示通りに戻す。
2. 油小1を熱したフライパンに豚バラ薄切り肉150g(食べやすく切る)、にんじん⅓本(細切り)、ピーマン2個(縦に細切り)を入れ、しんなりするまで炒める。
3. 火が通ったら、1、焼き肉のたれ・オイスターソース各小2、鶏ガラの素小½、白ごま適量を加えてからめる。

（フライパン）

Point! 野菜は細切りにすることで早く火が通る。

豚バラ肉

56

No.070 ガリバタ豚バラ目玉焼き

にんにくは丸ごとイン！

1〜2人分

1. バター10gを溶かしたフライパンににんにく5〜6片、豚バラ薄切り肉200g（食べやすく切る）を入れ、焼き色がつくまで炒める。
2. 焼き肉のたれ大2、おろしにんにく小1を加えてよくからめ、肉を端に寄せる。卵2個を割り入れ、好みのかたさになるまで焼く。

Point! 豚バラはカリカリになるまで炒めて。好みで野菜やレモンを添え、ドライパセリをふっても。

フライパン

No.071 豚バラとカット野菜のシンプル野菜炒め

あっさり食べやすい！

1人分

1. 油小1を熱したフライパンで豚バラ焼き肉用肉150gを焼き色がつくまで炒める。
2. 余分な脂をふき、カット野菜（市販）80g、顆粒だし小1、鶏ガラの素小1/2、塩小1/3、こしょう適量を加えて野菜に火が通るまで炒める。

Point! スーパーやコンビニで買えるお好みのカット野菜を使って。

フライパン

No.072 梅ソースポーク炒め

うまみと酸味の共演

1人分

1. 袋に豚ロース薄切り肉200g（一口大に切る）、塩こしょう少々、おろしにんにく小1を入れてもみ混ぜ、片栗粉大1を加えてさらに混ぜる。
2. ボウルに梅干し5個（種を除いて刻む）、みりん・酒各大1、砂糖小1、顆粒だし小1/2を入れて混ぜる。
3. 油小1を熱したフライパンで1を炒め、火が通ったら弱火にし、2を加えてからめる。

Point! 調味料が焦げないように弱火にする。刻んだ青じそをのせても美味。

フライパン

豚バラ肉、豚ロース肉

PART 03 ささっと炒めもの

No.073 豚こまとアスパラのピリ辛バター炒め

バターのコクにピリ辛味が◎

フライパン

1人分

① バター10gを溶かしたフライパンに豚こま肉150g、アスパラガス50g（3cm幅の斜め切り）を入れ、火が通るまで炒める。

② 焼き肉のたれ大1、コチュジャン小2、おろしにんにく・おろししょうが各小1/2を加えてからめる。

Point! アスパラガスの根元部分はかたいのでピーラーでむいてから使うのがおすすめ。

No.074 スタミナ豚キャベ

卵黄をからめてどうぞ

フライパン

1～2人分

Ⓐ 醤油・みりん・酒各大1、おろしにんにく小2、鶏ガラの素小1/2

① Ⓐを混ぜ合わせる。

② 油小1を熱したフライパンで豚こま肉200gを焼き色がつくまで炒め、キャベツ100g（ざく切り）、玉ねぎ1/4個（薄切り）を加えてしんなりするまで炒める。

③ 1を加えてからめ、器に盛って卵黄1個分をのせる。

Point! 豚こま肉は切らずに使えるので、包丁＆まな板を洗う手間が省ける。

No.075 お財布にやさしい豚こまレタス

レタスでかさ増し！

フライパン

1人分

Ⓐ みりん・酒各小2、鶏ガラの素・おろしにんにく各小1、塩少々、黒こしょう適量

① ごま油大1を熱したフライパンで豚こま肉200gを火が通るまで炒め、レタス2～3枚（食べやすくちぎる）を加えてサッと炒める。

② 弱火にし、Ⓐを加えてからめ、刻みねぎ適量を散らす。

Point! レタスはシャキッとした食感を残すためにサッと炒める程度でOK。

豚こま肉

No.076 豚こま卵のバター醤油炒め

おかわり必至の味わい

1人分

1. バター10gを溶かしたフライパンで豚こま肉150gを焼き色がつくまで炒める。
2. 弱火にし、醤油・みりん各小2、砂糖小1を加えてからめる。
3. 溶き卵1個分を回し入れ、かたまったら火を止め、刻みねぎ適量を散らす。

Point! 卵は余熱でも火が通るため、かたくなりすぎないよう加えたら手早く加熱して。

フライパン

No.077 豚こまもやしの味噌炒め

味噌味がしみしみ!

1〜2人分

A | 味噌・酒・みりん各大1、砂糖小2、おろしにんにく小1

1. Aを混ぜ合わせる。
2. ごま油小1を熱したフライパンで豚こま肉200gを焼き色がつくまで炒める。
3. もやし½袋100gを加えてしんなりするまで炒め、1を加えて弱火で3分ほど加熱する。器に盛って白ごま・刻みねぎ各適量をかけ、卵黄1個分をのせる。

Point! 調味料を加えたら弱火で少し加熱し、具材に味をなじませる。

フライパン

No.078 究極の豚プルコギ

野菜がたっぷり!

1〜2人分

1. 袋に豚こま肉200g、焼き肉のたれ大2、コチュジャン大1、おろしにんにく・ごま油各小1を入れてもみ込む。
2. 油小1を熱したフライパンに1、にんじん½本(細切り)、玉ねぎ¼個(薄切り)を入れ、火が通るまで炒める。
3. もやし½袋100g、ニラ½束(3cm幅に切る)を加えて炒め、白ごま適量を加えてからめる。

Point! 豚肉に調味料をもみ込んでから炒めると全体に味がなじみやすい。

フライパン

豚こま肉

59

PART **03** ささっと炒めもの

豚こま肉

No.079 豚マヨねぎ炒め

マヨで こってり!

1人分

A | 醤油・みりん・酒各大1、砂糖小2、白だし・顆粒だし各小1

1. **A**を混ぜ合わせる。
2. 油小1を熱したフライパンで豚こま肉150gを軽く炒め、玉ねぎ¼個(薄切り)を加えて玉ねぎがしんなりするまで炒める。
3. 1を加え、弱火で2分ほど加熱する。刻みねぎ1つかみを加えてからめ、マヨ適量をかける。

Point! マヨはたっぷりがおいしい。好みで食べやすくちぎったキャベツを敷いて。

フライパン

No.080 豚肉ときのこのオイスター炒め

調味料2つでOK

1〜2人分

1. ごま油小1を熱したフライパンで豚こま肉200gを軽く炒め、にんにく1片(薄切り)、しめじ1パック(ほぐす)を加えて焼き色がつくまで炒める。
2. 焼き肉のたれ大2、オイスターソース大1を加えてよくからめる。

Point! 肉の色が変わってきたら、にんにくとしめじを加えて。

フライパン

60

No.081 豚こま油淋鶏風

人気の中華を手軽にアレンジ

フライパン

1人分

A 醤油・砂糖各大2、酒大1、酢・おろしにんにく・おろししょうが各小1

1. 油小1を熱したフライパンで**豚こま肉200g**を炒める。
2. 火が通ったら、A、**長ねぎ¼本**(みじん切り)を加えてからめる。

Point! 調味料はあらかじめ混ぜておくと調理がスムーズ。

No.082 豚こま肉と春雨の中華炒め

にんにく風味でうまい!

フライパン

1人分

1. **春雨(乾燥)50g**を袋の表示通りに戻す。
2. ごま油小1を熱したフライパンで**豚こま肉120g**を焼き色がつくまで炒め、**ピーマン1個**(縦に細切り)を加えて火が通るまで炒める。
3. 1、おろしにんにく・鶏ガラの素各小½、塩小¼、黒こしょう適量を加えてよくからめる。

Point! ピーマンは縦に細切りにすることで春雨にからみやすくなる。

No.083 うま塩野菜炒め

あっさりだけどうまみ充分

フライパン

1人分

A 顆粒だし・おろしにんにく・おろししょうが各小½、塩小⅓、こしょう適量

1. ごま油小1を熱したフライパンに**鶏もも肉½枚**(食べやすく切る)、**にんじん¼本**(細切り)を入れ、肉に焼き色がつくまで炒める。
2. **キャベツ2枚**(小さめにちぎる)、**もやし½袋**、Aを加え、野菜がしんなりするまで炒める。

Point! 火が通りにくいにんじんは肉と一緒に先に炒め、時間差でキャベツともやしを加える。

豚こま肉、鶏もも肉

PART 03 ささっと炒めもの

No.084 ガリマヨチキン

混ぜて炒めて完成！

フライパン

1人分

1. 袋に鶏もも肉1枚(一口大に切る)、醤油・みりん各大1、鶏ガラの素小1を入れてもみ込み、片栗粉大2を加えてさらにもみ込む。
2. 油大1を熱したフライパンに1を入れて焼き色がつくまで炒め、玉ねぎ1/4個(薄切り)を加えてサッと炒める。
3. おろしにんにく適量を加え、弱火にして火が通るまで炒める。器に盛り、マヨ適量をかけて黒こしょう・刻みねぎ各適量をふる。

Point! にんにくを加えたら焦げないように弱火にして。

No.085 鶏ニラレモン炒め

柑橘の香りがさわやか！

フライパン

1人分

A 醤油大1、おろしにんにく・砂糖・レモン汁各小1、黒こしょう適量

1. 油小1を熱したフライパンで鶏もも肉1枚(一口大に切る)を焼き色がつくまで炒める。
2. ニラ1/4束(3cm幅に切る)、Aを加え、火が通るまで炒める。

Point! ニラはすぐに火が通るので、鶏肉に火が通ればOK。好みでレモンのくし形切りを添えても。

No.086 焼き肉のたれで簡単チキン南蛮

タルタルソースも手作り

フライパン

1〜2人分

1. 鶏もも肉1枚(一口大に切る)に片栗粉大1をまぶす。
2. 油小1を熱したフライパンで1を焼き色がつくまで炒め、弱火にして火が通るまで炒める。余分な油をふき、焼き肉のたれ大2を加えてからめる。
3. ゆで卵2個(つぶす)、マヨ大2、砂糖・酢各小1、塩こしょう少々を混ぜてタルタルソースを作り、2にかけて刻みねぎ適量を散らす。

Point! 鶏肉を切るときは調理バサミを使うとラク。ゆで卵は市販品でもOK。

鶏もも肉

No.087 鶏肉とキャベツのスタミナ炒め

ご飯がどんどんすすむ

1人分

① 油小1を熱したフライパンで鶏もも肉1枚（一口大に切る）を焼き色がつくまで炒める。

② キャベツ150g（一口大に切る）、焼き肉のたれ大2、麺つゆ小2、おろししょうが小1を加えて火が通るまで炒め、白ごま適量を加えてからめる。

Point! 焼き肉のたれは甘みやフルーティーさも加えられる優秀調味料。

No.088 塩レモンチキン

きのこの食感も◎

1人分

① 袋に鶏もも肉1枚（一口大に切る）、おろしにんにく・鶏ガラの素・青のり各小1、塩2つまみを入れてもみ込み、片栗粉小1を加えてさらにもみ込む。

② オリーブ油大1を弱～中火で熱したフライパンに1、しめじ50g（ほぐす）、エリンギ50g（食べやすく切る）を入れ、火が通るまで炒める。

③ 黒こしょう適量をふり、レモン汁小1を回しかける。

Point! フライパンに具材を入れたら、やや弱めの火加減でじっくり加熱を。

No.089 むね肉となすののり塩炒め

青のりの風味となすが好相性

1人分

Ａ 顆粒だし・片栗粉各小1、おろししょうが小1/2、塩小1/3、こしょう適量

① 袋に鶏むね肉1/2枚（一口大のそぎ切り）、なす60g（輪切り）、Ａを入れてもみ混ぜる。

② 油大1を熱したフライパンに1を入れ、火が通るまで炒める。マヨ大1、青のり小2を加えてからめる。

Point! 下味をつけるときに片栗粉も一緒にもみ込むことで、味がなじみやすくなる。

鶏もも肉、鶏むね肉

PART 03 ささっと炒めもの

鶏ささみ、ひき肉

No.090 ささみと白菜のポン酢炒め

さっぱりいただく

1人分

1. ポン酢大1½、おろしにんにく小½、白ごま適量を混ぜ合わせる。
2. 油小1を熱したフライパンに鶏ささみ4本(筋を除いて一口大に切る)、酒大1を入れて焼き色がつくまで炒める。
3. 白菜100g(一口大に切る)、おろししょうが小½、塩小⅓、こしょう適量を加えて火が通るまで炒める。器に盛って1をかける。

Point! 白菜を炒めるときは葉より芯を先に加えると加熱ムラが減らせる。

フライパン

No.091 ささみとしいたけの麺つゆ炒め

きのこの香りが上品

1人分

1. 袋に鶏ささみ4本(筋を除いて一口大に切る)、しいたけ2個(薄切り)、片栗粉小1、おろししょうが小½、塩こしょう少々を入れ、もみ込む。
2. 油大1を熱したフライパンに1を入れ、火が通るまで炒める。
3. 麺つゆ大1を加えてからめ、刻みねぎ適量を散らす。

Point! しいたけもささみと一緒に下味をつけ、味をなじませる。

フライパン

No.092 アウトドア風ペッパーミンチ

見た目も味もわんぱく!

1人分

1. オリーブ油大1を熱したフライパンにレタス2枚(一口大にちぎる)、合いびき肉120gを順に入れ、コーン(水煮)30g、バター10g、おろしにんにく小½、塩少々、黒こしょう適量を加える。
2. 火が通るまで炒め、焼き肉のたれ大1を回しかけて全体にからめる。

Point! レタス、ひき肉の順に入れると加熱中に肉のうまみがレタスにしみ込む。

フライパン

64

No.093 ズボラ炒めハンバーグ

成形いらずで簡単で絶品

1人分

1. 袋に合いびき肉100g、卵1個、酒小1、おろしにんにく小½、塩こしょう少々を入れてよく混ぜる。
2. 油小1を熱したフライパンに**1**を入れ、火が通るまで混ぜながら炒める。器に盛り、デミグラスソース(市販)適量をかける。

Point! 市販のソースを使えば本格味に。レタスなど好みの野菜を添えて。

No.094 ひき肉とピーマンのケチャップ炒め

ケチャップで甘めの味に

1人分

1. 油小2を熱したフライパンで合いびき肉150gを色が変わるまで炒め、ピーマン2個(縦に1cm幅に切る)を加えてさらに炒める。
2. ケチャップ・焼き肉のたれ各大1、おろしにんにく小½を加えてからめる。

Point! ピーマンはやや太めに切ることで食べごたえがアップする。

No.095 ニラともやしの豚ひき肉炒め

シャキシャキ感を味わって

1人分

1. ごま油小1を熱したフライパンににんにく1片(薄切り)、豚ひき肉120gを入れ、焼き色がつくまで炒める。
2. もやし½袋100g、ニラ¼束(3cm幅に切る)、鶏ガラの素小1、塩小⅓、こしょう適量を加えて火が通るまで炒める。

Point! もやしとニラを加えたら、食感が残るようにサッと炒め合わせて。

ひき肉

65

PART 03 ささっと炒めもの / ひき肉

No.096 鶏ひき肉とニラのうま辛炒め

豆板醤で刺激UP

1人分

A　豆板醤・醤油・みりん各小2、砂糖・顆粒だし各小1

1. ごま油小2を熱したフライパンで鶏ひき肉120gを焼き色がつくまで炒める。
2. ニラ1/4束（3cm幅に切る）、Aを加えて火が通るまで炒め、白ごま適量をふる。

Point! 辛い味が苦手な場合は、豆板醤の量で辛みを加減して。

フライパン

No.097 鶏ひき肉と納豆のチーズマヨ炒め

チーズをよくからめて！

1人分

1. バター10gを溶かしたフライパンで鶏ひき肉120gを焼き色がつくまで炒める。
2. 麺つゆ大1、おろししょうが小1/2、納豆1パック（付属のたれを混ぜる）を加えて火が通るまで炒める。
3. ピザ用チーズ1つかみを加えて混ぜ、マヨ適量をかける。

Point! チーズが溶けたら完成。ひき肉に焼き色をつけると香ばしく仕上がる。

フライパン

No.098 鶏ひき肉と豆のケチャップ炒め

包丁いらずで炒めるだけ

1人分

A　ケチャップ・みりん各大1、醤油小2、ウスターソース・砂糖各小1

油小1を熱したフライパンに鶏ひき肉120g、ミックスビーンズ（水煮）50gを入れ、肉に火が通るまで炒め、Aを加えてからめる。

Point! 数種類の豆が入ったミックスビーンズは手軽に使えて便利。

フライパン

No.099 シーフードミックスで簡単野菜炒め

うまみを吸ったキャベツが◎

1人分

A 麺つゆ大1、おろししょうが・おろしにんにく・顆粒だし各小½、塩小¼、こしょう適量

1. **A**を混ぜ合わせる。
2. 油小1を熱したフライパンにシーフードミックス(冷凍)150g、キャベツ2枚(食べやすくちぎる)を入れ、火が通るまで炒める。
3. 弱火にし、1を加えてよくからめる。

Point! シーフードミックスは下処理いらずで凍ったままでも使えるからラクちん。

No.100 海鮮野菜炒め

具だくさんで栄養も◎

1人分

1. ごま油大1を熱したフライパンでにんじん¼本(細切り)、白菜100g(小さめに切る)を軽く炒める。
2. シーフードミックス(冷凍)100g、もやし½袋100g、麺つゆ小2、鶏ガラの素小1、黒こしょう適量を加え、火が通るまで炒める。

Point! えび、いか、あさりなどの魚介が一度に食べられるシーフードミックスはうまみもたっぷり。

No.101 ぶりと青梗菜の中華炒め

ぶりのうまみが際立つ

1人分

1. ごま油小2を熱したフライパンでぶり1切れを両面に焼き色がつくまで炒める。
2. 弱火にし、青梗菜60g(食べやすく切る)、酒大1、醤油・鶏ガラの素各小1、おろししょうが小½を加えてよくからめ、白ごま適量をかける。

Point! ぶりは加熱しすぎるとかたくなるため、焼き色がついたらすぐ青梗菜や調味料を加えて。

シーフードミックス、ぶり

PART **03** ささっと炒めもの

No.102 鮭とねぎのバタポン炒め

バターの塩気がマッチ

1～2人分

1. 油小1を熱したフライパンで鮭2切れ（一口大に切る）を焼き色がつくまで炒める。
2. 長ねぎ1/3本（斜め切り）、ポン酢大1、バター10g、おろししょうが小1/2を加え、火が通るまで炒める。

Point! 鮭を先に加熱して焼き色をつけておくことで、香ばしさがUP。

No.103 鮭のガーリックスタミナ炒め

卵黄でさらに満足感を

1人分

1. 油小1を熱したフライパンににんにく1片（薄切り）、キャベツ2枚（食べやすくちぎる）を入れ、しんなりするまで炒める。
2. 鮭1切れ、鶏ガラの素小1、おろししょうが小1/2、塩小1/4、黒こしょう適量を加え、鮭をほぐしながら炒め、器に盛って卵黄1個分をのせる。

Point! 鮭は軽く火を通してからヘラなどでほぐす。キャベツは手でちぎると味しみがよくなる。

No.104 さばとれんこんの甘酢炒め

食感が楽しい

1人分

A 醤油・酒各大1、酢小2、砂糖小1、顆粒だし小1/2

1. 油小1を熱したフライパンにさば1切れ、れんこん80g（輪切り）を入れ、さばをほぐしながら炒める。
2. 火が通ったら**A**を加え、弱火にしてよくからめ、白ごま適量をふる。

Point! れんこんは歯ごたえが残るように、やや厚みがあるくらいに切って。

鮭、さば

No.105 ししゃもともやしのオイスター炒め

もやしをたっぷり入れて

フライパン

1人分

1. 油小1を熱したフライパンでししゃも4尾を焼き色がつくまで大きめにほぐしながら炒める。
2. もやし½袋100gを加えてサッと炒め合わせ、弱火にし、オイスターソース・醤油各小1、砂糖小½を加えてからめる。

Point! もやしは加熱しすぎると水分が出るので、サッと炒めたら調味料を加えて。

No.106 ヤンニョムえびチリ

甘辛味のとろみが至福!

フライパン

1人分

A 水100㎖、ケチャップ大2、焼き肉のたれ大1、豆板醤小2、片栗粉・砂糖各小1、鶏ガラの素小½

1. A を混ぜ合わせる。
2. ボウルに冷凍むきえび200g、水適量を入れてえびを解凍し、水気をふく。
3. ごま油小1を熱したフライパンににんにく1片、長ねぎ¼本(ともにみじん切り)、2を入れ、火が通るまで炒め、1を加えてよくからめる。

Point! 調味料を加えたら、とろみがつくまで混ぜながらからめる。

No.107 究極のえびマヨ

焼き肉のたれがポイント

フライパン

1人分

1. ボウルに冷凍むきえび150g、水適量を入れてえびを解凍し、水気をふく。
2. 袋に1、おろしにんにく・おろししょうが各小1、鶏ガラの素小½、黒こしょう適量を入れてもみ込む。
3. 油小1を熱したフライパンに2を入れ、火が通るまで炒める。弱火にし、マヨ大2、ケチャップ・牛乳・焼き肉のたれ各大1を加えてよくからめる。

Point! えびに下味をつけておくと味がしっかり決まる。仕上げにドライパセリをふっても。

ししゃも、えび

PART 03 ささっと炒めもの

厚揚げ、ちくわ、ウインナー

No.108 厚揚げとキャベツのごま味噌炒め

味噌とすりごまでこっくり味

1〜2人分

A｜味噌大1、酒小2、砂糖小1、醤油・おろししょうが各小1/2

1. ごま油小1を熱したフライパンに厚揚げ200g（2cm角に切る）、キャベツ2枚（食べやすくちぎる）を入れ、全体に焼き色がつくまで炒める。
2. 弱火にし、Aを加えてからめ、白すりごま適量をふる。

Point! 厚揚げの表面をカリッとさせるとおいしい。Aは混ぜておくとスムーズ。

フライパン

No.109 照りマヨ焼きちくわ

やみつきになる味!

1人分

1. ごま油小1を熱したフライパンでちくわ4本（斜め切り）を炒める。
2. 弱火にし、醤油小2、みりん・砂糖各小1を加えてからめ、マヨ大1、白ごま適量を加えてさらにからめる。

Point! 醤油などの味をなじませたあと、マヨを全体にまとわせて。

フライパン

No.110 ウインナーとピーマンのペペロン炒め

おつまみにもぴったり

1人分

1. フライパンにオリーブ油大1、にんにく1片（細切り）、ピーマン2個（輪切り）、ウインナー3本（斜め切り）を入れて火にかけ、軽く炒める。
2. 弱火にし、塩2つまみ、黒こしょう適量、赤唐辛子1本を加えてからめる。

Point! ピーマンのシャキシャキ感が残る程度の炒め具合がおすすめ。好みでパセリを添えて。

フライパン

No.111 ツナとベーコンのバターほうれん草炒め

調味料はひとつだけ！

1人分

① フライパンにバター10g、にんにく1片(薄切り)を入れて火にかけ、香りが出てきたらベーコン30g(1cm幅に切る)、ほうれん草¼束50g(食べやすく切る)を加えて軽く炒める。

② ツナ缶1個70g(油をきる)、焼き肉のたれ大1を加えて全体にからめ、白ごま適量をふる。

Point! ベーコンとツナのうまみとにんにくの風味を生かすから、調味料は焼き肉のたれだけで充分。

No.112 ツナとにんじんの枝豆マヨ炒め

彩りがきれいな一品

1〜2人分

① 油小1を熱したフライパンでにんじん¼本(細切り)を火が通るまで炒める。

② ツナ缶1個70g(油をきる)、ゆで枝豆30g、おろししょうが小½、塩少々、こしょう適量を加え、火が通るまで炒める。

③ 麺つゆ小2、マヨ適量を加えてからめる。

Point! ゆで枝豆は冷凍枝豆を袋の表示通り解凍したものを使ってもOK。

PART 03 ささっと炒めもの

卵

No.113 トマトと卵の中華炒め

ふわとろ卵が包み込む

フライパン

1人分

1. 溶き卵2個分、鶏ガラの素・醤油各小1、砂糖小½を混ぜ合わせる。
2. ごま油小1を熱したフライパンにトマト1個（一口大に切る）を入れ、しんなりするまで炒める。
3. 1を加え、卵液が半熟状になるまでやさしく混ぜる。白ごま適量をふる。

Point! トマトは加熱することで甘みがアップ。しんなりして汁気が出てくるくらいまで加熱して。

No.114 豆腐のニラたま炒め

白だしで味が決まる

フライパン

1人分

1. 溶き卵2個分、白だし小1、おろししょうが小½を混ぜ合わせる。
2. ごま油小1を熱したフライパンで木綿豆腐½丁150g（1cm角に切る）、ニラ¼束（3cm幅に切る）を炒める。
3. ニラがしんなりしたら1を流し入れて軽く混ぜ、白ごま適量をふる。

Point! 卵液を流し入れたら、かたくならないようサッと加熱する程度でOK。

No.115 青梗菜とツナの卵炒め

にんにくをきかせて

フライパン

1人分

1. 溶き卵2個分、麺つゆ大1、おろしにんにく小½を混ぜ合わせる。
2. 油小1を熱したフライパンに青梗菜100g（食べやすく切る）、ツナ缶1個70g（油をきる）を入れて軽く炒め、塩こしょう少々をふる。
3. 1を流し入れて卵がかたまるまで炒め、白ごま適量をふる。

Point! 青梗菜がしんなりするまで炒めたら卵液を加える。

切り方の基本をマスターせよ!

侮れないのが食材の切り方。切り方が違うだけで印象がガラリと変わります。

column 超ビギナーさんの自炊テク 03

No.116
切りやすい包丁の持ち方をチェック！

かたいものを切るとき
- 親指と人差し指で固定する
- 柄をしっかり持つ

細かく切るとき
- みねに人差し指をあてて刃がぶれないように固定する

肉を切るとき
- より力が入りやすいよう、刃の根元を親指と人差し指でしっかり握る

No.117
野菜を先に切る

野菜→肉・魚の順に切るとまな板や包丁を洗う手間が減り、効率的。肉や魚を先に切ると野菜に雑菌がつく可能性があるので注意。

No.118
野菜の皮のむき方

包丁の刃を寝かせて食材にあて、食材を回転させながらむきます。大根など長さのある野菜は5cmほどの長さに切るとむきやすい。

- 刃が食材全体にあたるように
- 皮の厚みは3〜5mmが目安
- 包丁は動かさず、食材のほうを回す

No.119
便利な道具に頼ればラクちん

ピーラーでせん切り

皮むきで使うことの多いピーラーですが、キャベツの切り口にあてればせん切りがあっという間！ にんじんや大根をリボン状に切る使い方も。

調理バサミはまな板いらず

調理バサミは食材を切りながらフライパンや鍋に投入できるから、まな板を使わずに済み、洗い物が減らせます。肉ややわらかめの野菜におすすめです。

切り方の基本をマスターせよ！

column 超ビギナーさんの自炊テク 03

No.120 ざく切り

大きめの一口大に切る切り方。ヘタや芯、根元を切り落としたら、3〜5cm大にざくざくと切っていきます。

キャベツ、小松菜、トマトなどに

No.121 乱切り

食材を回転させながら一口大に切る切り方。切り口が多くて熱や味の入りがよくなるため、煮物などに向いています。大きさをそろえて切るのがポイント。

にんじん、なす、じゃがいもなどに

No.122 斜め切り

斜めに切る切り方。断面が大きく熱の通りがよくなるため、炒めものやあえものに向いています。また、薄く斜め切りにすることを「斜め薄切り」と呼びます。

長ねぎ、きゅうり、ウインナーなどに

No.123 くし形切り

丸い食材を放射状に切る切り方で、櫛のような形になることからこの呼び名に。縦に半分に切ったら切り口を下にして置き、中央から等分（4〜8等分）に切ります。

玉ねぎ、トマトなどに

No.124
輪切り

切り口の丸い食材を一定の幅で垂直に切る切り方。幅は料理によって変わります。大根、なす、レモンなどを薄い輪切りにするときはスライサーを使うとラク。

にんじん、きゅうり、なすなどに

No.125
半月切り

切り口の丸い食材を半月の形（半円）に切る切り方。食材を縦に半分に切ってから、輪切りと同じ要領で切ります。

にんじん、大根、じゃがいもなどに

No.126
いちょう切り

いちょうの葉のような形に切る切り方。食材を縦に半分に切り、切り口を下にしてさらに縦に半分に切ったら、輪切りや半月切りと同じ要領で切ります。

にんじん、大根、じゃがいもなどに

切り方を覚えると料理が楽しいニャ！

切り方の基本をマスターせよ!

column 超ビギナーさんの自炊テク03

No.127 薄切り

薄く(約2mm幅)切る切り方。動きが繊細なので誤って手を切らないよう注意。慣れていない場合や急いでいるときは、ピーラーやスライサーを使うのもおすすめ。

玉ねぎ、きゅうり、かぶなどに

No.128 せん切り

1〜2mm幅に細く切る切り方。4〜5cm長さに切る場合が多い。不慣れな方はスライサーを使っても。3〜5mm幅は「細切り」、長方形に薄く切ることは「短冊切り」といいます。

キャベツ、にんじん、大根などに

No.129 みじん切り

1〜2mm大に細かく切り刻む切り方。玉ねぎの場合、縦半分に切ったあと切り口を下にして端から等分に切り目を入れ、包丁を寝かせて横から2〜3か所切り目を入れてから切ると効率的。みじん切りより大きい3〜4mm大は「粗みじん切り」といいます。

玉ねぎ、にんじん、長ねぎなどに

PART 04

ほったらかしでおいしく!
蒸す・煮る・ゆでる

短時間で作れる蒸し料理や煮ものを紹介します。
ゆでた豚肉を使った豚しゃぶのバリエーションも、
あっさり食べたいときにおすすめです。
カレーや肉じゃがなど少し手の込んだ料理も、
電子レンジや炊飯器を利用すると簡単に!

PART 04 蒸す・煮る・ゆでる

No.130 豚バラもやしの甘辛蒸し

ピリッとスタミナ系

1〜2人分

1. フライパンに**キャベツ1/4個**(ざく切り)、**もやし1/2袋100g**を入れて**豚バラ薄切り肉200g**(一口大に切る)を重ね、**酒大3**を回しかけてふたをし、5分蒸す。
2. 豚肉に火が通ったら、混ぜた焼き肉のたれ大4、ごま油大1、おろしにんにく・コチュジャン各小1をかける。

Point! キャベツは調理バサミを使うとラク。好みで白ごまや刻みねぎをふり、レモンを添えてもおいしい。

【フライパン】

No.131 豚バラとなすのスタミナ蒸し

うまみを吸ったなすがうまっ!

1人分

A 醤油大2、みりん・酒各大1、砂糖小2、おろしにんにく・おろししょうが各小1

1. フライパンに**油1**を熱し、**豚バラ薄切り肉150g**(一口大に切る)を炒め、焼き色がついたら**なす1本**(輪切り)、**キャベツ1〜2枚**(ざく切り)を加えて炒める。
2. 弱火にして**A**を加え、ふたをして3分蒸す。

Point! なすがとろっとするまで弱火で蒸す。白ごまや刻みねぎをふっても。

【フライパン】

豚バラ肉・蒸す

No.132 肉巻き豆苗のさっぱり煮

豆苗の食感がアクセント

1人分

A | ポン酢大2、砂糖小2、醤油・ごま油各小1、顆粒だし・おろししょうが各小½

① 豚バラ薄切り肉150gで豆苗1パック300gを巻き、塩こしょう適量をふる。

② 油小1を熱したフライパンに1を並べて焼き、焼き色がついたらAを加えて煮る。

Point! 豆苗は長ければ半分に切る。Aを加えたら、ころがして味がなじむまで煮る。

フライパン

No.133 チーズ豚バラのくるくる煮

やわらかい洋風角煮風

1〜2人分

A | 水100㎖、醤油大4、砂糖・酒・みりん各大2、顆粒だし小1

① 豚バラ薄切り肉200gをくるくる巻き、片栗粉大3をまぶす。

② フライパンに入れて焼き色がつくまで焼き、混ぜたAを加え、弱火で10分煮る。

③ ピザ用チーズ30gを加えて溶かす。

Point! 豚肉はころがしながら焼く。チーズが溶ければOK。好みで刻みねぎを。

フライパン

No.134 お財布にやさしい豚バラ角煮風

中までじゅわっと味しみ！

1〜2人分

A | 水100㎖、醤油・みりん各大4、砂糖大2、おろししょうが小2、顆粒だし小1

① フライパンにごま油小1、にんにく4片を入れて軽く炒める。豚バラ焼き肉用肉150gを加え、焼き色がついたらAを加え、ふたをして弱火で5分煮る。

② ゆで卵3個を加え、再びふたをして5分煮る。

Point! ゆで卵は全体が色づくようにときどき返しながら煮る。白ごまや刻みねぎをかけても。

フライパン

豚バラ肉・煮る

PART 04 蒸す・煮る・ゆでる

豚こま肉・蒸す、煮る

No.135 豚こま白菜の塩昆布蒸し

塩昆布の塩気で味がしまる

1人分

1. フライパンに酒大2、白菜100g（ざく切り）を入れて豚こま肉200g、塩昆布大2をのせ、塩こしょう適量をふる。ふたをして弱火で5分蒸し焼きにし、混ぜる。
2. ごま油大1を回し入れ、ふたをしてさらに3分蒸す。

Point! 豚肉と塩昆布は上にのせ、うまみを白菜にしみ込ませる。肉は大きければ一口大に切って。

No.136 キャベツと豚こまの味噌バター蒸し

これはビールしかない！

1人分

1. 袋に豚こま肉200g、味噌・オイスターソース各小2、鶏ガラの素小1、おろしにんにく小1/2を入れてもみ込む。
2. バター10gを弱火で溶かしたフライパンに1、酒大2を入れ、ふたをして5分蒸す。
3. キャベツ100g（一口大にちぎる）を加え、ふたをしてさらに5分蒸す。

Point! キャベツの水分で蒸し焼きにしてふっくら仕上げる。黒こしょうや刻みねぎをかけても。

No.137 豚なすピーマンの甘辛煮

ご飯にもお酒にもぴったり

1人分

A 水大2、酒・醤油・みりん各大1、砂糖小2、顆粒だし小1

1. 油大1を熱したフライパンに豚こま肉150g、なす1/2本（乱切り）、ピーマン2個（一口大に切る）を入れ、サッと炒める。
2. Aを加え、火が通るまで弱火で煮る。

Point! あとで煮るので肉の色が変わるくらいまで炒めればOK。ラー油や七味唐辛子をかけてもおいしい。

No.138 豚バラ冷しゃぶ豆腐

贅沢な冷や奴

1〜2人分

1. 鍋に湯1ℓを沸かして酒大1、塩小1を加え、**豚バラ薄切り肉200g**(食べやすく切る)をゆでる。冷水にとって冷やし、水気をきる。
2. **豆腐½丁150g**を器に盛り、**1**をのせる。
3. 麺つゆ・ごまドレッシング(市販)各大2、水大1、ラー油適量を混ぜ合わせ、**2**にかける。

Point! 湯に酒と塩を加えて肉の臭みを抜く。肉の色が変わったらざるに上げて。白ごまや刻みねぎを散らしても。

No.139 豚しゃぶ香味あえ

夏の極上つまみ

1人分

A 焼き肉のたれ大2、オイスターソース大1、ごま油小1、おろししょうが・おろしにんにく各小½

1. 鍋に水100mℓ、顆粒だし小1を入れて火にかけ、沸騰したら**豚ロースしゃぶしゃぶ用肉150g**を加えてゆでる。水気をきって器に盛る。
2. **A**と長ねぎ¼本(みじん切り)を混ぜ合わせ、**1**にかける。

Point! レタスなど野菜の上にのせ、サラダ風にして食べてもおいしい。

No.140 ねぎ塩だれ豚しゃぶ

だしで豚肉を格上げ

1人分

1. 長ねぎ¼本(みじん切り)、ごま油・レモン汁各大2、鶏ガラの素小1、塩小¼を混ぜ合わせる。
2. 鍋に水100mℓ、顆粒だし小1を入れて火にかけ、煮立ったら**豚ロースしゃぶしゃぶ用肉150g**を加えてゆでる。水気をきって器に盛り、**きゅうり¼本**(細切り)をのせ、**1**をかける。

Point! 彩りのため長ねぎは青い部分も使用。ゆでながら豚肉にほんのりだしの風味をつける。好みで白ごまをかけて。

豚バラ肉、豚ロース肉・ゆでる

PART 04 蒸す・煮る・ゆでる

豚こま肉・ゆでる

No.141 担々風冷しゃぶ

ゆでてかけるだけ！

1人分

① 鍋に水400ml、酒大1、砂糖小2を入れて火にかけ、沸騰したら豚こま肉250gを加えて火が通るまでゆでる(ゆで汁大2を取っておく)。水にさらして水気をきり、せん切りキャベツ(市販)適量を盛った器に盛る。

② 1のゆで汁、ごまドレッシング(市販)・麺つゆ各大3、おろしにんにく小1を混ぜ合わせ、1にかける。

Point! 市販のごまドレを使えば味つけが簡単に。ラー油や白ごまをかけてもおいしい。

No.142 フライパンで焼き肉風豚しゃぶ

砂糖効果でふわふわ食感

1～2人分

A 焼き肉のたれ大2、ごま油大1、コチュジャン・おろししょうが・おろしにんにく各小1

フライパンにたっぷりの湯を沸かし、酒大2、砂糖小1、豚こま肉250gを加えてゆでる。水気をきってAと混ぜ合わせる。

Point! ゆですぎると肉がかたくなり、うまみが逃げるので注意。白ごまをふっても美味。

No.143 豚しゃぶの塩昆布あえ

マヨが隠し味

1人分

① 豚こま肉200gは酒大1をふって5分おく。

② 鍋に湯を沸かし、1をサッとゆでて水気をきり、塩昆布15g、マヨ大1、ごま油・鶏ガラの素各小1と混ぜ合わせる。

Point! 肉に酒をふることで臭みが取れてやわらかく仕上がる。白ごまや刻みねぎを散らしても。

No.144 鶏肉ブロッコリーのうま塩ガーリック蒸し

うまみの沼にハマる

1人分

① フライパンに**鶏もも肉1枚**(一口大に切る)、**ブロッコリー60g**(小房に分ける)、**にんにく5片**、**水100ml**を入れ、ふたをして7分蒸す。

② 弱火にして**酒大2**、**鶏ガラの素小2**、**塩小1/3**を加えて混ぜ、ふたをして3分蒸し、**ごま油小2**を回し入れる。

> **Point!** じっくり蒸して具材ににんにくの風味を移す。黒こしょうや白ごまをふっても美味。

フライパン

No.145 鶏もも青梗菜のチーズ蒸し

チーズのとろっと感が絶妙

1人分

① フライパンに**鶏もも肉1枚**(一口大に切る)、**青梗菜100g**(3cm長さに切る)、**にんにく4片**、**水100ml**、**顆粒コンソメ小1**を入れ、ふたをして7分蒸す。

② 弱火にして**オリーブ油大1**を回し入れ、**ピザ用チーズ80g**をのせ、ふたをして3分蒸す。

> **Point!** チーズが溶ければ完成。黒こしょうをふってもおいしい。

フライパン

No.146 ピリ辛蒸し鶏

豆板醤のたれが最高!

1人分

A 醤油・ごま油各大1、砂糖・豆板醤各小1、ラー油・おろしにんにく各小1/2

① 袋に**鶏もも肉1枚**(一口大に切る)、**鶏ガラの素小1/2**を入れてもみ込む。フライパンに並べ、**酒大2**を加えてふたをし、弱火で4分蒸して混ぜる。

② ふたをしてさらに4分蒸し、混ぜた**A**をかける。

> **Point!** 途中で混ぜることで火の入り方が均一になる。好みで刻みねぎをかけて。

フライパン

鶏もも肉・蒸す

PART 04 蒸す・煮る・ゆでる

鶏もも肉・蒸す、煮る

No.147 ワンパン鶏ももレモン蒸し

クエン酸パワーで疲労回復

1人分

1. フライパンにオリーブ油大1を熱し、**鶏もも肉1枚**(一口大に切る)を入れて焼き色がつくまで焼く。
2. **キャベツ2枚**(食べやすくちぎる)、**エリンギ50g**(薄切り)を加えて炒め、弱火にして白だし小1、塩小1/3を加えて混ぜ、**レモン1/2個**(輪切り)をのせ、ふたをして5分蒸す。

Point! キャベツとエリンギがしんなりするまで炒めたら調味料とレモンを加えて。好みで黒こしょうを。

フライパン

No.148 簡単絶品シュクメルリ

ジョージアのソウルフードを再現

1人分

1. オリーブ油大1を熱したフライパンに**鶏もも肉1枚**(一口大に切る)、**にんにく4片**を入れ、焼き色がつくまで炒める。
2. **じゃがいも1個**(一口大に切る)、**牛乳100㎖**、顆粒コンソメ・おろしにんにく各小1を加え、じゃがいもに火が通るまで弱火で5分煮る。黒こしょう・粉チーズ各適量をかける。

Point! 弱火でゆっくり火を通す。好みでちぎったパセリを。

フライパン

No.149 照りマヨバターチキン

マヨはたっぷりかけて

1人分

A バター10g、醤油大2、酒・みりん・砂糖・水各大1、おろしにんにく・おろししょうが各小1

1. フライパンに油小1を熱し、**鶏もも肉1枚**(一口大に切る)を焼く。
2. 焼き色がついたら**A**を加え、ふたをして弱火で5分煮る。**マヨ適量**をかける。

Point! 調味料を加えたら弱火で煮て中まで火を通す。好みで黒こしょう、ドライパセリを。

フライパン

No.150 薬味蒸し鶏

しっとり、ジューシー

1人分

① フライパンに酒100mlを入れ、鶏むね肉1枚(一口大に切る)を加えてふたをし、ときどき返しながら弱火で10分蒸し焼きにする。

② 長ねぎ1/4本、青じそ適量(ともにみじん切り)、麺つゆ大2、酢・おろししょうが各小1/2を加えて混ぜる。

Point! 弱火で蒸してやわらかく仕上げる。焦げないようにときどき肉を返して。

フライパン

No.151 ささみのキムチーズ蒸し

とろ〜りチーズが最高

1人分

① フライパンに鶏ささみ4本(筋を除く)、キムチ50g、ピザ用チーズ1つかみ、麺つゆ小1を入れてよく混ぜる。

② ごま油小1を加え、ふたをして弱火で5分、返して5分蒸し、青じそ適量(せん切り)を散らす。

Point! キムチとチーズで味がつくから調味料は最小限でOK。

フライパン

No.152 ささみのトマト煮込み

ワインにも合うおしゃれな一品

1人分

① 油小1を熱したフライパンに鶏ささみ2本(筋を除いて3等分に切る)、玉ねぎ1/4個、エリンギ50g(ともに薄切り)を入れ、サッと炒める。

② カットトマト缶1/2個200g、水50ml、バター10g、顆粒コンソメ小1、おろしにんにく小1/2を加え、弱火で6分煮る。

Point! ささみの色が変わり、玉ねぎがしんなりするまで軽く炒めたら調味料などを加えて。生クリームをかけるとリッチに。

フライパン

鶏むね肉、鶏ささみ・蒸す、煮る

85

PART 04 蒸す・煮る・ゆでる

手羽先、手羽元、鶏皮・煮

No.153 手羽先の甘酢煮

身がほろっとはがれる

1人分

A | 酒・みりん各大2、醤油・酢各大1、砂糖・顆粒だし各小1

1. ごま油小1を熱したフライパンで**手羽先4本**を焼く。
2. 焼き色がついたら**A**を加えて弱火で10分煮る。**白ごま適量**をからめる。

Point! 酢を加えることでやわらかく仕上がる。ときどき返して調味料をからめて。

No.154 手羽元とゆで卵のスタミナ煮

香りにそそられる

1人分

1. フライパンに油小1を熱し、**手羽元4本**を焼く。焼き色がついたら、**水500㎖**、**醤油・酒各大1½**、**砂糖大1**を加え、沸騰したら**ゆで卵1〜2個**を加えて5分煮る。
2. **キャベツ2枚**(食べやすくちぎる)、**にんにく1片**(薄切り)を加えてサッと煮る。

Point! 手羽元は焼き色をつけてうまみを閉じ込める。全体に味がなじむように煮ながらときどき返して。

No.155 鶏皮煮込み

まるでモツのような味わい!

1人分

A | 水200㎖、味噌小2、砂糖・酒・みりん各小1、醤油小½

1. 油小1を熱したフライパンに**鶏皮100g**(サッとゆでる)、**こんにゃく50g**(半分に切って1cm幅に切る)、**おろししょうが・おろしにんにく各小½**を入れ、軽く炒める。
2. **A**を加え、弱火で10分煮る。

Point! 鶏皮は大きければ一口大に切り、下ゆでして臭みを取る。長ねぎの小口切りや七味唐辛子をふっても美味。

No.156 究極のしぐれ煮

白米が止まらない!

1人分

A 水・酒各大4、醤油・みりん各大2、砂糖大1

1. フライパンに A を入れて混ぜ、**牛こま肉150g、玉ねぎ¼個(薄切り)**を加え、ふたをして煮る。

2. 沸騰したらふたをはずし、汁気が少し残るまで煮詰め、**おろししょうが小2**を加える。

Point! しょうがは風味が立つように最後に加えて。好みで刻みねぎをかけても。

フライパン

No.157 きのこすき焼き

めっちゃリッチテイスト

1〜2人分

A 醤油・みりん各大4、砂糖大3、顆粒だし・おろししょうが・おろしにんにく各小1

1. **油小1**を熱したフライパンに**牛薄切り肉200g**を入れ、軽く焼き色がつくまで炒める。A を加えてからめ、**えのき½株、しめじ½パック**(ともにほぐす)を加え、火が通るまで煮る。

2. **溶き卵1個分**を添える。

Point! 牛肉がかたくなるので加熱しすぎに注意。好みで刻みねぎをかけて。

フライパン

牛肉・煮る

87

PART 04 蒸す・煮る・ゆでる

ひき肉、餃子・煮る、ゆでる

No.158 究極のふわとろ麻婆豆腐

洗い物も少なくラクちん

1人分

1. ごま油大1を熱したフライパンに**合いびき肉100g、おろしにんにく小1**を入れて炒める。
2. 水200㎖、焼き肉のたれ大2、豆板醤大1、鶏ガラの素小2を加えて混ぜ、**豆腐1丁300g（1㎝角に切る）**を加えて弱〜中火で6分煮る。
3. 水溶き片栗粉（片栗粉大2、水大1）を加えて混ぜ、とろみをつける。

Point! 煮崩れるので、豆腐を加えたらあまり混ぜない。刻みねぎをかけても。

フライパン

No.159 おつまみゆで餃子

どんなお酒も包み込む

1〜2人分

A ポン酢大2、ごま油大1、おろししょうが・おろしにんにく各小½、白ごま・ラー油各適量

フライパンにたっぷりの湯を沸かし、**チルド餃子（市販）適量**をゆでる。混ぜた**A**と刻みねぎ適量をかける。

Point! 餃子の数はお好みでどうぞ。皮が透き通り、浮いてきたらゆで上がり。

フライパン

No.160 シュウマイアヒージョ

新感覚の
おいしさ♡

1〜2人分

フライパンにオリーブ油100mlを入れ、**チルドシュウマイ(市販)12個、ブロッコリー80g**(小房に分ける)、**にんにく3片**(半分に切る)、**赤唐辛子1本**を加え、弱〜中火にかけて5分煮る。塩2つまみを加える。

Point! 直径20cmほどの小さいフライパンを使用し、市販のシュウマイにじっくり風味を移す。

No.161 フライパンで薬味シュウマイ

市販品を
グレードアップ

1〜2人分

1. フライパンに水50mlを入れ、**チルドシュウマイ(市販)12個**を並べ、ふたをして弱〜中火で5分蒸す。

2. **長ねぎ¼本**(みじん切り)、ポン酢大1½、ごま油小1、おろしにんにく小½を加えてからめる。

Point! 蒸すときの火加減は弱火と中火の間くらいがベスト。白ごまや刻みねぎをかけても。

No.162 カレイのレモン蒸し

冷やした
白ワインにも合う

1〜2人分

オリーブ油大1を熱したフライパンに**カレイ2切れ**(水気をふく)、**アスパラガス5〜6本**(根元の皮をピーラーでむき、4cm幅の斜め切り)、麺つゆ大1、レモン汁小2を入れ、ふたをして弱火で4分、カレイを返して4分蒸す。

Point! ミニトマトを一緒に蒸しても美味。黒こしょうをふり、パセリやレモンのくし形切りを添えても。

シュウマイ、カレイ・煮る、蒸す

PART 04 蒸す・煮る・ゆでる

タラ、ぶり・蒸す

No.163 タラときのこのバター蒸し

蒸し焼きでふっくら

1〜2人分

バター20gを弱火で溶かしたフライパンにタラ2切れ（塩こしょう適量をふる）、しめじ50g（ほぐす）、エリンギ1本（縦半分に切って長さを3等分に切る）、酒大2、醤油小1を入れ、ふたをして4分、返して3分蒸し焼きにする。

Point! きのこ類はしっかり焼き色をつけるとおいしい。黒こしょうやちぎったパセリをかけても。

No.164 タラとアスパラの味噌マヨホイル蒸し

蒸し焼きでアスパラが甘〜い

1〜2人分

1. アルミ箔にタラ2切れ、アスパラガス2本（食べやすく切る）を並べ、混ぜ合わせたマヨ大2、味噌・顆粒だし各大1をかけてバター10gをのせ、しっかり包む。
2. フライパンに1を入れて水適量（少し浸かるくらいまで）を注ぎ、ふたをして8分蒸す。

Point! 混ぜ合わせた調味料を全体にかけ、バターを中央にのせる。火加減は中火。

No.165 ぶりの簡単アクアパッツァ

残ったスープでリゾットにしても

1人分

1. バター10gを溶かしたフライパンにぶり1切れを入れ、両面に焼き色がつくまで焼く。
2. シーフードミックス（冷凍）80g、水80mℓ、オリーブ油大1、塩・おろしにんにく各小1/2を加え、ふたをして弱火で6分蒸す。

Point! ぶりはバターで焼いて香ばしい風味をつけておく。好みで黒こしょうやドライパセリを。

No.166 簡単ぶりのホイル蒸し

バターがいい仕事します

1～2人分

1. アルミ箔にぶり2切れ、しめじ30g(ほぐす)を並べ、塩こしょう少々をふり、バター10gをのせ、しっかり包む。
2. フライパンに1、水適量を入れ、ふたをして8分蒸す。ポン酢大2を回しかけていただく。

Point! 全体に行き渡るようにバターは中央にのせる。水はアルミ箔が少し浸かるくらいまで入れ、途中で少なくなったら足す。好みで刻みねぎを。

フライパン

No.167 ぶりと白菜の麺つゆバター蒸し

ほのかなバターがあとを引く

1～2人分

1. バター10gを溶かしたフライパンに塩こしょう適量をふったぶり2切れを入れ、両面に焼き色がつくまで焼く。
2. 白菜100g(ざく切り)、水100mℓ、麺つゆ大4を加え、ふたをして弱火で5分蒸す。

Point! ぶりに焼き色をつけてうまみを閉じ込めてから白菜を加えて蒸す。刻みねぎをかけても。

フライパン

No.168 ぶり大根煮

定番の煮物を手軽に!

1～2人分

A 水150mℓ、醤油大1½、酒・みりん各大1、砂糖小2、おろししょうが小1、顆粒だし小½

1. 容器に大根150g(皮をむいて1cm幅の半月切り)を入れ、ラップをして7分チン。
2. フライパンにぶり2切れ、1、Aを入れ、弱～中火で10分煮る。

Point! 大根はレンジで加熱しておくと味がしみやすく、煮る時間の短縮に。火加減は弱～中火で。好みで刻みねぎを。

レンジ / フライパン

ぶり・蒸す、煮る

PART 04 蒸す・煮る・ゆでる

タラ、鮭、さば・煮る

No.169 フライパンで簡単タラの煮つけ

おいしさをシンプルに！

1〜2人分

A 水200㎖、酒50㎖、みりん大３、醤油大２、白だし大１、顆粒だし小２

フライパンに **A** を入れて中火にかけ、タラ２切れを加え、ふたをしてときどき返しながら弱火で10分煮る。

Point! タラはあらかじめ塩少々をふって水気をふくと臭みが取れる。

No.170 鮭ときのこのクリーム煮

体がぽかぽか温まる！

1〜2人分

1. オリーブ油大１を熱したフライパンに鮭２切れ、まいたけ25g、しめじ25g（ともにほぐす）、エリンギ1/2本（細切り）を入れ、鮭の両面に焼き色がつくまで焼く。
2. 弱火にし、水・牛乳各100㎖、顆粒コンソメ小１強を加えて煮る。
3. 煮立ったら小麦粉小１を少しずつ加え、そのつど混ぜる。

Point! 小麦粉は少しずつ加えるとダマにならない。好みで黒こしょう、パセリのみじん切りをかけて。

No.171 フライパンで簡単さば煮

ワンパンでほめられ和食

1〜2人分

A 水200㎖、砂糖・味噌各大２、酒・醤油・みりん各大１、顆粒だし小１、おろししょうが小1/2

1. フライパンに **A** を入れて中火にかけ、混ぜながら味噌を溶かす。
2. 弱火にしてさば２切れを加え、落としぶたをして10分煮る。

Point! 煮汁が沸いてきたらさばを加える。落としぶたはアルミ箔でOK。刻みねぎをかけても。

No.172 えのきベーコン蒸し

淡白なえのきが濃厚に変身!

1〜2人分

1. バター10gを溶かしたフライパンにベーコン80g(1cm幅に切る)、えのき200g(長さを半分に切ってほぐす)を入れて炒める。
2. ポン酢大2、砂糖小1、鶏ガラの素小½を加え、ふたをして2分蒸す。刻みねぎ適量をかける。

Point! ベーコンに軽く焼き色がついてえのきがしんなりしたら調味料を加えて。黒こしょうをふってもおいしい。

フライパン

No.173 フライパンで簡単野菜蒸し

バターとツナでコク増し

1人分

1. フライパンにツナ缶1個70g(油をきる)、キャベツ2枚(食べやすく切る)、にんじん¼本(薄いいちょう切り)、玉ねぎ¼個(薄切り)、塩こしょう少々を入れて混ぜ、酒大1を加え、ふたをして弱火で5分蒸す。
2. バター10gを加えて混ぜ、溶けたらふたをして再び3分蒸す。ポン酢大1を回しかける。

Point! 弱火でじっくり蒸して野菜のうまみを引き出す。

フライパン

No.174 じゃがいものバター蒸し

追いバターで魅惑の味に

1人分

フライパンにじゃがいも150g(皮ごと1cm幅の輪切り)を並べ、バター10g、醤油小1、顆粒だし小½、塩小¼を加え、ふたをして5分蒸す。じゃがいもを返してバター10gを加え、再びふたをして5分蒸す。

Point! 5分蒸したらじゃがいもを返してバターを加える。黒こしょうやパセリのみじん切りをかけても。

フライパン

きのこ、野菜・蒸す

93

PART **04**

蒸す・煮る・ゆでる

No.175 ツナとじゃがいものうま煮

しみしみ煮物に舌鼓

1人分

1. 容器にじゃがいも2個(一口大に切る)を入れ、ラップをして5分チン。
2. フライパンに**1**、ツナ缶1個70g(油をきる)、水100mℓ、麺つゆ大3、おろしにんにく小½を入れ、弱火で5分煮る。

Point! じゃがいもはレンジで加熱しておくと味が入りやすく、煮る時間を短縮できる。

レンジ / フライパン

No.176 にんじんとしらたきの炒め煮

ホッとするやさしい味わい！

1人分

A 水100mℓ、酒・みりん各大2、醤油大1½、顆粒だし小1

1. ごま油小2を熱したフライパンににんじん¼本(細切り)、しらたき150g(水気をきり、食べやすく切る)を入れ、サッと炒める。
2. 油揚げ1枚(細切り)、**A**を加えてふたをし、にんじんに火が通るまで5分煮る。

Point! 煮ると油揚げからもいいだしが出る。仕上げに白ごまをふっても。

フライパン

No.177 ウインナーコーンの豆腐蒸し

黒こしょうでピリッ！

1人分

容器に豆腐½丁150g(1cm幅に切る)を入れ、ウインナー2本(斜め切り)、コーン(水煮)30g、バター10g、麺つゆ大2を入れ、黒こしょう適量をふる。ラップをして4分チン。

Point! 豆腐は水きりしなくてOK。

レンジ

野菜、豆腐・煮る、レンジ

94

No.178 レンジでねぎだれ鶏チャーシュー

たれがつまみになる！

1人分

1. 容器に焼き肉のたれ大3、ごま油大1、おろししょうが・おろしにんにく各小1、長ねぎ¼本（みじん切り）を入れて混ぜ、鶏むね肉1枚（フォークで数か所穴をあける）を加える。ラップをして3分チン。返して再び3分チン。
2. 鶏肉を1cm幅に切り、容器に残ったたれをかける。

Point! 鶏肉に穴をあけると中まで味がなじむ。好みで刻みねぎや白ごまをかけ、煮卵を添えても。

No.179 レンジで簡単トマチーズチキン

誰もが好きな味

1人分

1. 容器に鶏もも肉1枚（一口大に切る）、カットトマト缶½個200g、小麦粉大1、顆粒コンソメ小2、砂糖小1、おろしにんにく・醤油各小½を入れて混ぜ、ラップなしで8分チン。
2. ピザ用チーズ1つかみ、牛乳大2を加え、ラップなしで2分チン。

Point! 鶏肉は調理バサミで切るとラクちん。ドライパセリをかけても。

No.180 豚バラポークシチュー

レンジで手間ひまかけた味に

1人分

1. 容器にじゃがいも1個、にんじん½本（ともに乱切り）を入れ、ラップをして3分チン。
2. 豚バラ薄切り肉150g（一口大に切る）、玉ねぎ¼個（薄切り）、水300ml、ビーフシチュールウ2片、バター10g、顆粒だし小½を加え、ラップをして10分チン。よく混ぜる。

Point! 火が通りにくいじゃがいもとにんじんを先に加熱してから肉などを加えて。

鶏むね肉、鶏もも肉、豚バラ肉・レンジ

95

PART 04 蒸す・煮る・ゆでる

No.181 レンジで無水キーマハヤシライス

最小限の材料で激うま!

1人分

容器に豚ひき肉100g、玉ねぎ½個(みじん切り)を入れて混ぜ、バター10g、ハヤシライスルウ1片を加え、ラップをして5分チン。混ぜて再び3分チン。

Point! 無水調理で濃厚に。好みでご飯にのせ、パセリのみじん切りをかけて。

No.182 レンジでシーフードシチュー

体も心もぬくぬく

1人分

1. 容器にじゃがいも½個、にんじん⅓本(ともに乱切り)を入れ、ラップをして3分チン。
2. 玉ねぎ¼個(薄切り)、ウインナー2本(斜め切り)、シーフードミックス(冷凍)120g、水200mℓ、クリームシチュールウ50g、バター10gを加え、ラップをして5分チン。
3. 混ぜて牛乳100mℓを加え、再び3分チン。

Point! シーフードミックスは冷凍のまま加えてOK。好みで黒こしょうを。

No.183 レンジで絶品茶碗蒸し

舌の上でふるふる♪

1人分

耐熱の茶碗に溶き卵1個分を入れ、水100mℓ、麺つゆ大1½、顆粒だし小½を加えてよく混ぜ、ラップなしで2分半チン。

Point! 卵はしっかり溶くとなめらかになる。表面がかたまってとろとろになったら完成。好みで青じそを添えて。

ひき肉、魚介、卵・レンジ

No.184 炊飯器でバターチキンカレー

一晩寝かせたかのようなコク！

1～2人分

炊飯釜に鶏もも肉1枚、ホールトマト缶½個200g、玉ねぎ1個(半分に切って芯を取る)、バター20g、おろしにんにく小1½、カレールウ3片を入れ、通常炊飯。具材をほぐしながら混ぜる。

Point! 仕上げに生クリームを回しかけるとさらに本格的に。ご飯にかけてドライパセリをふっても。

No.185 炊飯器で肉じゃが

ほったらかしで定番煮物を

1～2人分

A 水200㎖、醤油・みりん各大2、砂糖・酒各大1、顆粒だし小2、おろししょうが小1

炊飯釜にじゃがいも2個、にんじん2本(ともに一口大に切る)、玉ねぎ½個(薄切り)、しらたき1パック、豚バラ薄切り肉200g(食べやすく切る)を入れ、**A**を加えて通常炊飯。よく混ぜる。

Point! しらたきは結びしらたきが食べやすい。水気をきって入れて。好みで刻みねぎを。

No.186 炊飯器で絶品ジャーマンポテト

ホクホク＆味しみ！

1～2人分

炊飯釜にじゃがいも3個(一口大に切る)、ウインナー6～7本、オリーブ油大1、顆粒コンソメ小2、塩小¼、黒こしょう適量を入れ、よく混ぜて通常炊飯。

Point! 具材は釜の底全体に広げ、炊飯する前によく混ぜて。仕上げにドライパセリをかけても。

鶏もも肉、豚バラ肉、野菜・炊飯器

97

column 超ビギナーさんの自炊テク 04

覚えておきたい加熱のコツ

料理の出来を左右する、加熱時の基本やポイントを紹介します。

No.187
レンジ加熱のラップはふんわりと

レンジ加熱時にラップをすると食材を蒸らす効果が生まれ、効率よく熱を通すことができます。ただし、ぴったり密着させると熱の入りすぎやラップの破裂、容器の変形につながることも。蒸気の逃げ道を作るイメージで、少し隙間をあけましょう。

ふんわりかけて蒸気の逃げ道を

No.188
アルミ箔は落としぶたになる

落としぶたとは、主に煮物を作るときに味を全体に行き渡らせるために使う材料の上に直接のせるふた。落としぶたがない場合は、アルミ箔で代用可能です。

作り方
アルミ箔を鍋やフライパンの大きさに合わせて切り取り、くしゃくしゃに丸めて広げ、中央に1〜2cm大の穴をあける。

穴をあけて蒸気の逃げ道を

くしゃくしゃにすると凹凸ができて、アク取り効果が生まれる

No.189
アクが出たらすくい取って

アクとは、肉や魚を煮たり、ゆでたりしたときに出てくる茶色っぽい泡のこと。えぐみや臭み、苦みの原因になるため取り除きましょう。

すくい網を使うとアクだけを効率よくすくえる

強火にかけて煮立たせるとアクが集まりやすい

No.190
パスタはレンジでもゆでられる!

パスタは鍋を使ってゆでるだけでなく、レンジ加熱することもできます。シチュエーションに合わせて選びましょう。

火を使いたくない夏はレンジがいいニャ

鍋でゆでる
鍋に水1ℓ、塩小1を入れて火にかけ、沸騰したらパスタ100gを加えて規定時間ゆでる。パスタ同士がくっつかないよう、ときどき混ぜながら加熱を。

レンジで加熱する
容器にパスタ100g、水500㎖、塩小½を入れ、ラップなしで規定時間+3分チン。加熱後はよくほぐして。

容器に入らない場合はパスタを半分に折って

よく出てくる料理用語をチェック!

レシピ特有の言い回しを解説します。覚えておくとつまずきが減って調理がスムーズに!

column 超ビギナーさんの自炊テク 05

No.191
「きつね色」、「こんがり」

焼いたり、揚げたりするときの、焼き加減の目安を表しています。

きつね色
「きつね色になるまで加熱する」とは、濃い茶色に変わる前の黄色の段階。

こんがり
きつね色よりしっかり加熱するイメージで、香ばしく焦げ目がついた状態。

No.192
「ひたひた」、「かぶるくらい」、「たっぷり」

ゆでたり、煮たりするときの水分量の目安。

ひたひた 鍋に入れた食材の頭が水面から見え隠れしている状態。おでん、煮物などに。

かぶるくらい 鍋に入れた食材が水分でちょうど隠れている状態。じゃがいもやにんじんの下ゆで、ゆで卵などに。

たっぷり 鍋に入れた食材全体が水分に完全に浸かっている状態。カレーやシチュー、スープなどに。

ひたひた

かぶるくらい

No.193
「ふつふつする」、「沸騰する」

ゆでる、煮るときの火加減を表します。火の通り具合や味わいにも関わってきます。

ふつふつ
煮立ちはじめの状態で、小さな泡が出てきているのが目安。形が崩れやすいものをじっくり煮るときなどに。

煮立つ
沸騰している状態で、全体にボコボコと大きな泡が出ているのが目安。麺や食材をゆでるときなどに。

No.194 「粗熱を取る」、「冷ます」

粗熱を取る

加熱直後の熱々のものを、手で触れるくらいまでおくこと。熱々だと形が崩れるときや、味がなじみにくいときに。

ポテサラはじゃがいもの粗熱を取って調味

冷ます

加熱直後の熱々のものを、室温くらいになるまでおくこと。冷しゃぶなど温度が低い状態で食べるものに。

No.195 「サッとゆでる」、「サッと炒める」

サッとゆでる

食材の歯ごたえや色味が残る程度に短時間ゆでること。ゆで時間は1分以内が目安。ニラや葉物類などを加熱するときに。

肉をサッと炒めたら野菜を投入!

サッと炒める

表面が色づく程度に軽く炒めること。肉は加熱しすぎるとかたくなってしまうので、たとえば肉野菜炒めを作るとき、肉をサッと炒めてから野菜を加えます。

No.196 「煮詰める」

煮汁の水分をとばしながら加熱すること。味が凝縮し、とろみがつきます。煮物やソース作りなどに。味が濃くなりすぎたり、焦げたりするので煮詰めすぎに注意。

煮汁を沸かして濃度をつけて!

No.197 「室温に戻す」

冷やした食材を室内くらいの温度になるまでおくこと。バターは冷蔵庫から出したばかりだとかたくて混ざりにくいため、室温に戻してやわらかくします。

「常温に戻す」ともいいます

PART 05

少ない油で揚げ焼きに!
ラクちん揚げもの

初心者にはハードルが高い揚げものですが、
マスターするとレパートリーがぐっと広がります。
1人分なら油をたっぷり使わなくても少なめで充分。
焼くように揚げる「揚げ焼き」でカリッと完成!
時短になり、油の処理もラクちんです。

No.198 本気の塩から揚げ

ごま油の香りがやみつき

1～2人分

A ごま油大1、鶏ガラの素・砂糖各小2、おろしにんにく・おろししょうが各小1、塩小1/2

1. 袋に鶏もも肉1 1/2枚(一口大に切る)、**A**を入れてもみ込み、30分漬ける。
2. **1**に小麦粉大2を加えてもみ込み、片栗粉大2を加えてさらにもみ込む。
3. フライパンに油適量(深さ5mmくらいまで)を注いで熱し、**2**を入れてときどき返しながら4～5分揚げ焼きにする。

Point! 小麦粉と片栗粉のダブルの衣で、サクッと仕上がる。レモンを添えて。

フライパン

No.199 ねぎ塩から揚げ

ねぎだれが決め手!

1～2人分

1. 袋に鶏もも肉1枚(一口大に切る)、酒大1、おろしにんにく・おろししょうが各小1、塩こしょう少々を入れてもみ込み、30分漬ける。片栗粉大4を加えてまぶす。
2. フライパンに油適量(深さ5mmくらいまで)を注いで熱し、**1**を入れてときどき返しながら火が通るまで揚げ焼きにする。
3. 長ねぎ1/4本(みじん切り)、ごま油・鶏ガラの素各小1を混ぜ合わせ、**2**にからめる。

Point! 少ない油でも、上下を返しながら揚げ焼きにするとしっかり火が通る。

フライパン

No.200 本気のコンソメから揚げ

漬け込むのはたった10分!

1～2人分

1. 袋に鶏もも肉1枚(一口大に切る)、麺つゆ大1、みりん・顆粒コンソメ各小2、おろしにんにく小1を入れてもみ込み、10分漬ける。
2. **1**に小麦粉大2を加えてもみ込み、片栗粉大3を加えてさらにもみ込む。
3. フライパンに油適量(深さ5mmくらいまで)を注いで熱し、**2**を入れてときどき返しながら4～5分揚げ焼きにする。

Point! にんにくの香りもよくてお子さまにもおすすめ。好みでレモン汁をかけても。

フライパン

鶏もも肉・から揚げ

PART 05 ラクちん揚げもの

鶏もも肉、手羽元・フライドチキン

No.201 ひとくちフライドチキン

ビールのおともに!
フライパン

1〜2人分

1. 溶き卵2個分、片栗粉大2を混ぜ合わせる。
2. 小麦粉大3、顆粒コンソメ小½、黒こしょう適量を混ぜ合わせる。
3. 鶏もも肉1枚(一口大に切る)に1をからめ、2をまぶす。
4. フライパンに油適量(深さ5mmくらいまで)を注いで熱し、3を入れて火が通るまで揚げ焼きにする。

Point! 片栗粉と小麦粉のダブル使いで、サクサクの衣に。

No.202 手羽元で簡単フライドチキン

ごちそう感満点!
フライパン

1人分

A 塩・おろししょうが・おろしにんにく・顆粒コンソメ各小½、黒こしょう少々

1. 袋に手羽元200g(フォークで数か所刺す)、溶き卵1個分、Aを入れてもみ込み、30分漬ける。片栗粉大3を加えてまぶす。
2. フライパンに油大5を入れて弱〜中火で熱し、1を火が通るまで揚げ焼きにする。

Point! 手羽元はフォークで穴をあけると味しみがよくなる。

104

No.203 絶品チキンかつ

サクサク＆やわらか！

フライパン

1〜2人分

A｜マヨ大2、酒小2、砂糖小1、鶏ガラの素小½、塩こしょう少々

1. 袋に鶏むね肉1枚（皮を除いて薄いそぎ切り）、Aを入れてよくもみ混ぜ、10分漬ける。パン粉大4をまぶす。
2. 油大5を熱したフライパンに1を入れ、火が通るまで揚げ焼きにする。

Point! 鶏むね肉は薄くそぎ切りにするとやわらかく仕上がり、火の通りも早い。

No.204 ささみの麺つゆ串かつ

おうちで居酒屋気分

フライパン

1〜2人分

1. 溶き卵2個分、小麦粉大4、水大2を混ぜ合わせる。
2. 袋に鶏ささみ4本（筋を除く）、マヨ大2、麺つゆ大1を入れてもみ込み、10分漬ける。串に刺し、1にくぐらせてパン粉大3をまぶす。
3. 油大5を熱したフライパンに2を入れ、火が通るまで揚げ焼きにする。とんかつソース適量を添える。

Point! ささみの筋を除くときはフォークを使うと簡単。

No.205 簡単クリスピーささみ

天かすでサクサク！

フライパン

1人分

A｜マヨ大1、おろしにんにく小1、鶏ガラの素小½、塩小¼、黒こしょう適量

1. 袋に鶏ささみ2本（筋を除く）を入れる。A、片栗粉小1、溶き卵1個分を順に加え、そのつどもみ込む。取り出して天かす適量をまぶす。
2. 油大5を熱したフライパンに1を入れ、火が通るまで揚げ焼きにする。

Point! 袋を使えば洗い物が減らせる。天かすはたっぷりめにつけることでカリカリ感がアップ。

鶏むね肉、鶏ささみ・かつ

PART 05 ラクちん揚げもの

豚こま肉、豚バラ肉・から揚げ、肉巻き揚げ

No.206 本気でおいしい豚こまから揚げ

豚こまで包丁いらず

1～2人分

A｜マヨ大1、鶏ガラの素・おろししょうが・おろしにんにく各小1、塩小1/3

1. 袋に豚こま肉300g、**A**を入れてもみ込み、20分漬ける。
2. **1**に小麦粉・片栗粉各大2を加えてよくもみ込む。
3. フライパンに油適量(深さ5mmくらいまで)を入れて熱し、**2**を火が通るまで揚げ焼きにする。

Point! 下味にマヨを使うことでジューシーな仕上がりに。

No.207 アスパラの肉巻きから揚げ

アスパラの食感がうれしい

1人分

1. 豚バラ薄切り肉4枚100gをアスパラガス4本に巻きつけ、4等分に切る。
2. 袋に**1**、焼き肉のたれ大1、おろしにんにく小1/2、白ごま適量を加えてもみ込む。片栗粉大1を加えてまぶす。
3. 油大5を熱したフライパンに**2**を入れ、ときどきころがしながら火が通るまで揚げ焼きにする。

Point! アスパラを束にし、全体を覆うように豚肉を斜めに少しずつずらしながら巻きつける。

No.208 えのきの豚巻きから揚げ

えのきがシャキッ!

1人分

1. 豚バラ薄切り肉4枚100gを広げて塩こしょう少々をふる。えのき1株(長さを半分に切る)を等分にのせて巻く。
2. 袋に**1**、鶏ガラの素小1、おろしにんにく小1/2を入れてもみ込む。小麦粉大2を加えてまぶす。
3. 油大5を熱したフライパンに**2**を入れ、ときどきころがしながら火が通るまで揚げ焼きにする。

Point! きつめに巻き、巻き終わりを下にして揚げ焼きにすると、えのきがばらけにくい。

No.209 ピーマンの豚巻き揚げ

青々しさがアクセント

フライパン

1人分

A | 醤油・みりん・酒各小2、砂糖・顆粒だし各小1

① 豚バラ薄切り肉5枚約120gにピーマン3個（縦に1cm幅に切る）を等分にのせて巻く。

② 袋に 1 、A を入れてもみ込み、10分漬ける。片栗粉大2を加えてまぶす。

③ 油大5を熱したフライパンに 2 を入れ、ときどきころがしながら火が通るまで揚げ焼きにする。

Point! 豚肉1枚を広げてピーマン数本をのせ、きつめに巻いて。

No.210 半熟卵の豚巻き揚げ

ゆで卵を丸ごと包んで

鍋 フライパン

1〜2人分

① 袋に豚バラ薄切り肉4枚100g、マヨ大1、鶏ガラの素小1/2、塩こしょう少々を入れてもみ込み、10分漬ける。

② 熱湯で卵4個を6分半ゆで、冷水で冷やして殻をむく。1 で包み、片栗粉大2をまぶす。

③ 油大5を熱したフライパンに 2 を入れ、肉に火が通るまでころがしながら揚げ焼きにする。

Point! ゆで卵を覆うように豚肉を巻く。巻き終わりを下にして焼き、先に火を通すとはがれにくい。

No.211 ラクちんとんかつ

止まらないおいしさ！

フライパン

1〜2人分

① 袋に豚とんかつ用肉200g、塩・黒こしょう各少々を入れてよくもみ込み、片栗粉大4、溶き卵1個分を加えてさらにもみ込み、パン粉適量を加え、全体にまぶす。

② 油大5を熱したフライパンで、1 を火が通ってきつね色になるまで揚げる。食べやすく切り、好みでとんかつソース適量をかける。

Point! 袋の中に粉、卵、パン粉を順に加えれば衣づけがラクちん。好みで白ごまをふって。

豚バラ肉、豚とんかつ用肉・肉巻き揚げ、かつ

PART 05 ラクちん揚げもの

ひき肉・はさみ揚げ、フライ、かつ

No.212 れんこんはさみ揚げ

たれをよくからめて

1人分

1. 袋に豚ひき肉150g、おろししょうが・おろしにんにく各小½を入れてよくもみ込む。
2. れんこん100g（薄めの輪切り）を2枚1組にして1を等分にはさみ、片栗粉大4をまぶす。
3. 油大5を熱したフライパンに2を入れ、火が通るまで両面を揚げ焼きにする。
4. 焼き肉のたれ大2、ごま油小1、白ごま適量を混ぜ合わせ、3にかける。

Point! れんこんで肉だねをはさむときは、はがれないように軽く押さえつけて。

フライパン

No.213 ピーマンの肉詰めフライ

お弁当にもおすすめ！

1～2人分

1. 袋に合いびき肉150g、おろしにんにく小½、塩こしょう少々を入れてもみ混ぜる。ピーマン4個（縦半分に切って種とワタを除く）に均等に詰める。
2. 小麦粉大2をまぶし、溶き卵2個分にくぐらせ、パン粉大3とともに袋に入れ、ふってまぶす。
3. 油大5を熱したフライパンに肉側を下にして入れ、返しながら火が通るまで揚げ焼きにする。

Point! 肉だね作りも衣をまぶすのも袋を使えばラクちん。好みでオーロラソースやドライパセリをかけて。

フライパン

No.214 最強メンチかつ

肉汁がたまらない！

1人分

1. 袋に合いびき肉150g、パン粉大2、マヨ大1、塩こしょう適量を入れてよくもみ混ぜ、3等分にして丸める。
2. 小麦粉大1をまぶし、溶き卵1個分にくぐらせ、パン粉大2をまぶす。
3. 油大5を熱したフライパンに2を入れ、両面を揚げ焼きにする。ソース適量をかける。

Point! 片面がこんがりしたら裏返して。好みで白ごまをふっても。

フライパン

No.215 鮭の竜田揚げ

鮭がたちまちごちそうに

1〜2人分

1. 袋に鮭2切れ（水気をふき、1切れを3等分に切る）、マヨ大1、顆粒コンソメ小1、こしょう適量を入れてもみ込み、片栗粉大2を加えてまぶす。
2. 油大5を熱したフライパンに1を入れ、火が通るまで揚げ焼きにする。

Point! 途中で上下を返しながら、両面にこんがりと焼き色をつけて。

フライパン

No.216 簡単ししゃもから揚げ

丸ごと食べられる!

1人分

1. 袋にししゃも4尾、醤油・みりん各小1、おろしにんにく小1/2を入れて軽くもみ込み、片栗粉大2を加えてまぶす。
2. 油大5を熱したフライパンに1を入れ、火が通るまで揚げ焼きにする。

Point! 揚げ焼きにするときは、重ならないように広げて。レモン汁をかけても。

フライパン

No.217 たこのガーリック醤油から揚げ

お酒がすすむ!

1人分

1. 袋にゆでたこ150g（小さめに切り、水気をふく）、マヨ大1、醤油小2、おろしにんにく・おろししょうが各小1/2を入れてもみ込む。片栗粉大3を加えてまぶす。
2. 油適量（深さ5mmくらいまで）を熱したフライパンに1を入れ、カラッと揚げ焼きにする。

Point! 油はね防止のため、たこの水気はペーパータオルなどでしっかりふいて。

フライパン

魚介・竜田揚げ、から揚げ

PART 05 ラクちん揚げもの

さば、ちくわ、豆腐・フライ他

No.218 さばフライ

爆食い決定！

フライパン

1～2人分

1. 袋に<u>さば(切り身)200g</u>(5～7cm幅に切る)、<u>顆粒コンソメ小1/2</u>、こしょう適量を入れてよくもみ込み、<u>小麦粉大3</u>を加えてまぶす。
2. <u>溶き卵1個分</u>にくぐらせ、<u>パン粉適量</u>をまぶす。
3. <u>油大5</u>を熱したフライパンに**2**を入れ、火が通るまで両面を揚げ焼きにする。<u>ソース適量</u>をかける。

Point! さばは大ぶりに切ると食べごたえが出る。コンソメでほんのり洋風に。

No.219 さけるチーズでちくわの磯辺揚げ

チーズの塩気がgood

フライパン

1～2人分

A | 水大3、片栗粉・小麦粉各大2、青のり小1、おろしにんにく小1/2

1. <u>ちくわ8本</u>の穴に<u>さけるチーズ1～2本</u>(縦にさく)を等分に入れ、長さを4等分に切る。
2. 袋に**A**を入れて混ぜ合わせ、**1**を加えてからめる。
3. <u>油適量</u>(深さ5mmくらいまで)を熱したフライパンに**2**を入れ、カラッと揚げ焼きにする。

Point! 衣はだまにならないように、しっかり混ぜ合わせて。

No.220 味わい揚げ出し豆腐

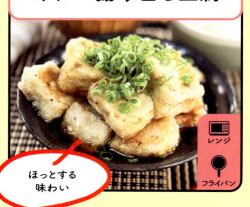

ほっとする味わい

レンジ／フライパン

1人分

1. 容器に<u>木綿豆腐1丁300g</u>(ペーパータオルで包む)を入れて3分チン。水気をきって一口大に切り、<u>片栗粉大3</u>をまぶす。
2. 深めの容器に<u>水70mℓ</u>、<u>麺つゆ大5</u>、<u>おろししょうが小1/2</u>を入れて混ぜ合わせ、ラップなしで1分チン。
3. <u>油大5</u>を熱したフライパンに**1**を入れ、揚げ焼きにする。**2**に加えてからめ、<u>刻みねぎ適量</u>を散らす。

Point! 表面に軽く焼き色がつくまで返しながら揚げ焼きに。

No.221 王道ポテトフライ

ポリ袋で簡単!

1〜2人分

1. 袋にじゃがいも300g(1cm角の棒状に切る)、顆粒コンソメ小1、塩少々、黒こしょう適量を入れ、ふってまぶす。片栗粉大3を加え、さらにふってまぶす。
2. 油大5を熱したフライパンに1を入れ、火が通るまで揚げ焼きにする。

Point! 粉末の調味料や粉をまぶすときは、袋に空気を含ませてふるとスムーズ。好みでケチャップを。

フライパン

No.222 ガーリックポテトフライ

おやつにもおつまみにも

1〜2人分

1. 袋にじゃがいも200g(くし形切り)、小麦粉大2、おろしにんにく小½を入れ、もみ混ぜる。
2. 油大5を熱したフライパンに1を入れ、揚げ焼きにする。
3. 2に顆粒コンソメ小1、塩少々、黒こしょう・ドライパセリ各適量をふり、全体にまぶす。

Point! じゃがいもはくし形切りにすることで、ほっくり感が出る。

フライパン

No.223 ひとくチーズポテトボール

もちもち食感!

1〜2人分

A ピザ用チーズ1つかみ、片栗粉大3、マヨ大1、顆粒コンソメ小1、塩1つまみ、黒こしょう適量

1. 容器にじゃがいも300g(小さめに切る)を入れ、ラップをして8分チン。
2. フォークでつぶし、**A**を加えて混ぜ、一口大に丸める。
3. 油大5を熱したフライパンに2を入れ、ころがしながら揚げ焼きにする。

Point! 片栗粉が全体のつなぎに。好みでドライパセリをふり、ケチャップやマヨをつけて。

レンジ
フライパン

じゃがいも・フライ、ボール

PART 05 ラクちん揚げもの

じゃがいも、にんじん・ボール、ハッシュド

No.224 のり塩じゃがボール

コロコロかわいい

1～2人分

1. 容器に**じゃがいも300g**(小さめに切る)を入れ、ラップをして**8分**チン。
2. フォークでつぶし、**顆粒だし小1、塩小½、青のり・こしょう各適量**を加えてよく混ぜ、一口大に丸める。
3. **油大5**を熱したフライパンに**2**を入れ、ころがしながら揚げ焼きにする。

Point! 全体がきつね色になるまで揚げて。好みでケチャップやマヨをかけて。

No.225 コンソメハッシュドポテト

チーズ風味がくせになる

1～2人分

A ピザ用チーズ1つかみ、片栗粉大2、顆粒コンソメ大1、塩少々、黒こしょう適量

1. 容器に**じゃがいも300g**(小さめに切る)を入れ、ラップをして**6分**チン。
2. フォークでつぶし、**A**を加えて混ぜ、一口大の円形に成形する。
3. **油適量**(深さ5mmくらいまで)を熱したフライパンに**2**を入れ、焼き色がつくまで両面を揚げ焼きにする。

Point! 火の通りを考え、成形は厚くなりすぎないように。好みでパセリのみじん切りをふり、ケチャップやマヨを。

No.226 ハッシュドにんじん

甘みが凝縮!

1～2人分

1. **にんじん1本**(細切り)、**ピザ用チーズ30g、片栗粉大1、顆粒コンソメ小1、塩小¼**を混ぜる。
2. **油適量**(深さ5mmくらいまで)を熱したフライパンに**1**を丸く小分けにしながら入れ、両面がカリッとするまで揚げ焼きにする。

Point! にんじんがバラバラにならないよう軽く押さえながら加熱して。

No.227 10分でできちゃう オニオンリング

お店の味を再現！

1～2人分

A 天ぷら粉50g、片栗粉大2、顆粒コンソメ小1、塩1つまみ、黒こしょう適量

1. 袋に**A**、玉ねぎ1個（1cm幅の輪切り）を入れ、玉ねぎをバラけさせながらもみ混ぜる。
2. 水70㎖、マヨ大1、おろしにんにく小½を加え、よくもみ混ぜる。
3. 油大5を熱したフライパンに**2**を入れ、きつね色になるまで揚げ焼きにする。

Point! 袋の中で粉類を全体になじませたら、水やマヨなどを加えてさらに混ぜる。

フライパン

No.228 オクラの ジューシー揚げ

丸ごと揚げて

1人分

1. 袋にオクラ1袋（ヘタを除く）、麺つゆ大1、おろししょうが小½を入れてもみ混ぜ、10分漬ける。片栗粉大2を全体にまぶす。
2. 油大5を熱したフライパンに**1**を入れ、火が通るまで揚げ焼きにする。

Point! 調味料をなじませたら、しばらくおくことでしっかり味がつく。

フライパン

No.229 かぼちゃの スパイシー揚げ

甘みとカレー風味が絶妙

1～2人分

1. 袋にかぼちゃ300g（ワタと種を除いて薄切り）、片栗粉大4、カレー粉小1を入れてふり、全体にまぶす。
2. 油大5を熱したフライパンに**1**を入れ、火が通るまで揚げ焼きにする。塩・黒こしょう各少々をふる。

Point! なるべく重ならないように並べ、ときどき上下を返しながらまんべんなく揚げ焼きにして。

フライパン

野菜・リング他

PART 05 ラクちん 揚げもの

No.230 なすのから揚げ

なすがジュワッと!

1人分

1. 袋になす1本150g(乱切り)、醤油・みりん各小2、おろしにんにく小1/2を入れてよくもみ込む。片栗粉大2を加えてさらにもみ込む。
2. 油大5を熱したフライパンに1を入れ、火が通るまで揚げ焼きにする。

Point! なすは揚げると縮むため、少し大きめに切るのがポイント。

No.231 ごぼうのから揚げ

無限にイケちゃう!

1〜2人分

A｜醤油大2、みりん大1、砂糖小1、おろしにんにく小1/2、こしょう少々

1. 袋にごぼう150g(1cm幅の短冊切り)、Aを入れてよく混ぜ、10分おく。片栗粉大4をまぶす。
2. 油大5を熱したフライパンに1を入れ、3〜4分揚げ焼きにする。

Point! ごぼうは洗う手間が減る洗いごぼうがおすすめ。ときどき返しながら揚げ焼きに。

No.232 長いもチーズから揚げ

ヘビロテ確実!

1〜2人分

1. 袋に長いも200g(1cm角の棒状に切る)、醤油大1、みりん小2、顆粒コンソメ小1/2を入れてよくもみ込み、10分漬ける。片栗粉大4を加え、さらにもみ込む。
2. 油大5を熱したフライパンに1を入れ、火が通るまで揚げ焼きにする。
3. 粉チーズ・黒こしょう各適量をかける。

Point! 長いもは下味をしっかりつけているので、そのまま食べてもおいしい。好みでドライパセリを。

野菜・から揚げ

No.233 しいたけのから揚げ

焼き肉のたれで簡単!

1人分

1. 袋にしいたけ6個(軸を取る)、焼き肉のたれ・ごま油各小1、おろしにんにく・おろししょうが各小1/2を入れてもみ込み、10分漬ける。小麦粉大3をまぶす。
2. 油大5を熱したフライパンに**1**を入れ、火が通るまで揚げ焼きにする。

Point! かさの裏側にもしっかり小麦粉をまぶす。ときどき返しながら揚げ焼きに。

フライパン

No.234 エリンギの竜田揚げ

うまみを閉じ込めて

1〜2人分

1. 袋にエリンギ4本(縦半分に切って1cm幅に切る)、醤油・みりん各大1、鶏ガラの素小1を入れてもみ込み、10分漬ける。片栗粉大4を加えてまぶす。
2. 油大5を熱したフライパンに**1**を入れ、火が通るまで揚げ焼きにする。

Point! 1cm幅程度に切れば、食感をキープしつつ早めに揚げ上がる。

フライパン

No.235 こんにゃくのヘルシー揚げ

斬新な食感!

1〜2人分

1. 溶き卵2個分、小麦粉大4、水大2を混ぜ合わせる。
2. こんにゃく300gの表面にフォークで切り込みを入れ、スプーンで一口大にちぎる。
3. 袋に**2**、醤油・みりん各小2、おろしにんにく・おろししょうが各小1/2を入れてもみ混ぜ、30分漬ける。**1**にくぐらせてパン粉大3をまぶす。
4. 油大5を熱したフライパンに**3**を入れ、カリッとするまで揚げ焼きにする。

Point! こんにゃくは斜めに細かく切り込みを入れてからちぎると、味しみがよくなる。

フライパン

きのこ、こんにゃく・から揚げ、竜田揚げ他

115

PART 05 ラクちん揚げもの

野菜、魚介、餅・かき揚げ他

No.236 袋で簡単かき揚げ

素材2つでも大満足!

1〜2人分

1. 袋ににんじん½本(細切り)、玉ねぎ½個(薄切り)、天ぷら粉50g、水70mℓ、塩・鶏ガラの素各小½を入れてよくもみ混ぜる。
2. 油大5を熱したフライパンに1を小分けにして丸く形を整えながら入れ、火が通るまで揚げ焼きにする。

Point! 具材は細く薄く切ったほうが、火の通りが早く、口あたりもよくなる。

No.237 シーフードミックスの海鮮かき揚げ

海の香りが広がる

1〜2人分

1. シーフードミックス(冷凍)200gを袋の表示通りに解凍し、水気をふく。
2. 袋に天ぷら粉50g、水70mℓ、塩少々を入れてもみ混ぜ、1を加えてからめる。
3. 油大5を熱したフライパンに2を小分けにして形を整えながら入れ、火が通るまで揚げ焼きにする。好みで麺つゆ適量を添える。

Point! 具材がバラバラにならないよう、かたまるまで押さえながら揚げるとよい。

No.238 余ったお餅で揚げ餅

おやつに最適!

1〜2人分

1. 容器に醤油・みりん・砂糖各大1、おろししょうが小½を入れ、ラップをして40秒チンし、混ぜる。
2. 油適量(深さ5mmくらいまで)を熱したフライパンに切り餅3個を入れ、火が通るまで揚げ焼きにする。油をきり、1に加えてあえる。

Point! ときどき上下を返しながらカリッとするまで揚げ焼きにして。

No.239 袋で簡単天ぷら

季節の野菜でぜひ！

1〜2人分

① 袋にピーマン1個（縦半分に切って種とワタを除く）、かぼちゃ30g（薄切り）、れんこん30g（薄い輪切り）、天ぷら粉50g、水70㎖、塩・鶏ガラの素各小½を入れ、よくもみ混ぜる。

② 油大5を熱したフライパンに1を入れ、火が通るまで揚げ焼きにする。

Point! 野菜は好みのものでOK。計80gになるように準備して。

フライパン

No.240 何個も食べたくなるささみ天

フライパンでお手軽天ぷら

1〜2人分

Ⓐ 天ぷら粉50g、水70㎖、マヨ大1、酒小1、おろししょうが小½

① 袋に鶏ささみ5本（筋を除く）、鶏ガラの素小1、おろしにんにく小½、こしょう適量を入れてもみ混ぜる。Ⓐを加えてさらにもみ混ぜる。

② 油大5を熱したフライパンに1を入れ、火が通るまで揚げ焼きにする。

Point! 衣にマヨを加えることでしっとりとした食感に。好みで麺つゆを添えて。

フライパン

No.241 チルドで簡単揚げ餃子

カリカリ感がたまらん！

1〜2人分

① 袋にチルド餃子12個、ポン酢大1、おろししょうが小1を入れてやさしくもみ混ぜ、片栗粉大3をまぶす。

② 油大5を熱したフライパンに1を入れ、パリッとするまで揚げ焼きにする。

Point! 餃子が崩れないように、やさしく調味料や片栗粉をなじませて。

フライパン

野菜、鶏ささみ、餃子・天ぷら他

column 超ビギナーさんの自炊テク 06

あと片付けもラクしたい！

モチベーションアップにつながる、あと片付けをスムーズにする方法を紹介します。

No.242 洗い物を減らすテク

食器はふいて水につける

使用後の食器は、水に数分つけると汚れが落ちやすくなります。油汚れがあれば水につける前にペーパータオルなどで軽くふき取ると、洗い物がさらにラクに。

ポリ袋で調理

調味料を混ぜる、下味をつける、衣をつけるときなどに、ポリ袋を使えば洗い物が減ります。袋でもみ込むと味がなじみやすく、粉類も全体にまぶしやすい。

がんこな汚れは重曹や酢で

鍋やフライパンにたっぷりの水と重曹（または酢）大2〜3を入れて火にかけ、沸騰したら火を止めて冷まし、スポンジで軽くこすると簡単に汚れが落ちます。

盛りつけを省略

レンチンメニューは加熱時に使った耐熱皿のまま、あえものやサラダはボウルのまま食卓に出せば、器に盛る手間と洗い物をカット！

No.243 生ゴミのにおい対策も重曹で

弱アルカリ性の重曹は消臭剤代わりにもなり、生ゴミに適量かければ嫌なにおいがやわらぎます。テーブルやシンクの掃除にも役立つので常備しておくと便利。

「弱アルカリ性の力でにおい消しに！」

No.244 効率のよい冷蔵庫収納

パックから出して保存

肉や魚はトレイから出し、小分けにしてラップで包んでおくとスペース節約に（保存方法はP183参照）。

便利グッズを活用

倒れやすいチューブなどの調味料類は100円ショップの収納ケースを使うとすっきり収納できます。

PART

06

メインおかずに添えて!

あえるだけ
副菜＆サラダ

栄養がかたよりがちな一人暮らしの方は、
なるべく野菜料理を一品つけられるとベストです。
1食材から作れる、簡単なあえものやサラダを紹介します。
夕飯などの副菜としてはもちろん、
家で晩酌したいときのおつまみにもおすすめ。

PART 06 あえるだけ副菜＆サラダ

No.245 やみつきレタス

1人分

レタス2枚（食べやすくちぎる）、白ごま大1、白だし小1、おろししょうが小1/2、顆粒だし小1/3をあえる。

Point! 食べる直前にあえてシャキシャキ食感を楽しんで。

あっという間にペロリ

No.246 かまぼこレタスナムル

1人分

かまぼこ1/2本（薄切り）、レタス2枚（食べやすくちぎる）、ごま油小2、醤油・酢各小1、鶏ガラの素小1/2、砂糖小1/3をあえる。

Point! 刻みねぎや白ごまをかけても。

かまぼこで彩りよく！

No.247 さわやか漬けレタス

1人分

① 乾燥わかめ大1は水で戻して水気をきる。
② レタス2枚（食べやすくちぎる）、1、オリーブ油大2、白だし小2、おろししょうが小1/2を混ぜ、10分おく。

Point! 少し時間をおいて味をなじませて。好みで赤唐辛子の輪切りを加えてもおいしい。

絶好の箸休め

レタス

No.248 レタスのごまドレサラダ

市販のドレッシングにプラスα

1人分

A　ごまドレッシング(市販)大1、ごま油小1、麺つゆ・おろしにんにく各小½、ラー油適量

器に**レタス2枚**(食べやすくちぎる)を盛り、混ぜたAをかける。

Point! 市販のごまドレに調味料を加えて味わい深く。白ごまをふっても。

No.249 絶品シーザーサラダ

まるでレストランの味!

1人分

A　牛乳・マヨ各大2、粉チーズ大1、レモン汁小1、おろしにんにく小½、塩1つまみ、黒こしょう適量

① 容器に**ベーコン30g**(1cm幅に切る)を入れ、ラップをして30秒チン。

② 器に**レタス2枚**(食べやすくちぎる)、**トマト½個**(一口大に切る)、1、クルトン適量を盛り、混ぜたAを回しかけて**温泉卵(市販)1個**をのせる。

Point! ベーコンはレンチンで熱を通して時短に。

No.250 のりレタスチョレギサラダ

悪魔的おいしさ

1人分

① ごま油・麺つゆ各大1、鶏ガラの素・おろしにんにく各小½を混ぜる。

② 1、**サニーレタス2枚**(食べやすくちぎる)、**焼きのり2～3枚**(食べやすくちぎる)をあえ、白ごま適量をふる。

Point! 調味料は混ぜておくと全体に味がなじむ。

レタス、サニーレタス

PART 06 あえるだけ 副菜&サラダ

No.251 キャベツちくわのピリ辛中華サラダ

ちくわがうまみの素

1人分

1. 袋に**キャベツ2枚**(食べやすくちぎる)、**ちくわ1本**(5mm幅の斜め切り)、鶏ガラの素小1を入れてふり混ぜ、10分おく。
2. ごま油小1、麺つゆ・コチュジャン各小½、白ごま適量を加えてあえる。

Point! 袋に具材を入れたらふり混ぜるとまんべんなく鶏ガラの素が行き渡る。

No.252 キャベツの酢あえ

ちりめんじゃこがキモ!

1人分

1. 袋に**キャベツ2枚**(食べやすくちぎる)、**ちりめんじゃこ20g**、酢小1、塩少々を入れてふり混ぜ、10分おく。
2. ごま油・麺つゆ各大1、白ごま適量を加えてあえる。

Point! ちりめんじゃこの塩分によって味を調整して。

No.253 キャベツの梅あえ

さっぱり、さわやか!

1人分

1. 袋に**キャベツ2枚**(食べやすくちぎる)、塩少々、**ツナ缶1個70g**(油をきる)を加えて混ぜ、10分おく。
2. **梅干し1個**(種を除いて刻む)、白だし小1、ごま油小½を加えてあえる。

Point! 仕上げにかつお節をかけても。

キャベツ

No.254 キャベツとわかめのマヨわさのりサラダ

ピリッとわさびが◎

1人分
1. 容器にキャベツ2枚(太めのせん切り)を入れ、ラップをして2分チン。
2. 乾燥わかめ大1は水で戻して水気をきる。
3. 1、2、焼きのり1～2枚(食べやすくちぎる)、マヨ大2、麺つゆ大1、練りわさび適量をあえる。

Point! キャベツはレンチン後、軽く水気をきると味がぼやけない。

No.255 簡単コールスロー

コーンで甘みを添えて

1人分
1. 容器にキャベツ2枚、にんじん1/2本(ともに細切り)、コーン(水煮)30g、顆粒だし小1/2、塩小1/3、こしょう適量を入れ、ラップをして2分チン。
2. 粗熱を取って汁気をきり、酢小1、マヨ大1を加えてあえる。

Point! 軽くレンチンすることで味なじみがよくなる。

No.256 ピリ辛スタミナキャベツあえ

ご飯にもお酒にも合う

1人分
A コチュジャン・ごま油・麺つゆ各小1、おろしにんにく小1/2、七味唐辛子・かつお節・白すりごま各適量

容器にキャベツ2枚(食べやすくちぎる)を入れ、ラップをして3分チン。**A**を加えてあえる。

Point! キャベツから出たうまみのある汁も調味料として活用。

キャベツ

PART 06 あえるだけ 副菜 & サラダ

にんじん

No.257 にんじんのごま味噌あえ

こっくり濃厚！

1〜2人分

A 白すりごま大2、マヨ大1、味噌小2、麺つゆ・ごま油各小1

容器ににんじん1本（ピーラーでスライス）を入れ、ラップをして1分チン。混ぜた**A**を加えてあえる。

Point! にんじんが小さくなってきたら箸に刺してピーラーでスライスすると安全。

No.258 にんじんツナのマヨあえ

ツナでコクアップ

1〜2人分

1. 容器ににんじん1本（ピーラーでスライス）を入れ、ラップをして1分チン。水気をふく。
2. ツナ缶1個70g（油をきる）、マヨ大2、塩こしょう少々を加えてあえる。

Point! レンチン後ににんじんから出た水分をふくと味がぼやけない。

No.259 にんじんしめじのごまポンあえ

作りおきにもいい

1人分

1. 容器ににんじん1/2本（ピーラーでスライス）、しめじ1/2パック（ほぐす）を入れ、ラップをして2分チン。
2. 白すりごま大1、ごま油・ポン酢各小2を加えてあえる。

Point! にんじんはピーラーで薄くスライスすると熱の通りが早く、味がなじむ。

No.260 にんじんときゅうりの中華あえ

食感がやみつき

1人分

A ごま油大1、醤油小2、砂糖小1、鶏ガラの素小½、白ごま適量

① 容器ににんじん½本（細切り）を入れ、ラップをして1分チン。

② きゅうり½本（細切り）、**A**を加えてあえる。

Point! 味がなじむようににんじんはレンチンして軽くしんなりさせる。

No.261 キャロットラペ

切ってあえるだけ！

1人分

A オリーブ油大1、砂糖・おろししょうが各小½、塩少々、黒こしょう適量

にんじん½本（せん切り）と**A**をあえる。

Point! にんじんのせん切りはスライサーを使うとラク。

No.262 にんじんと大根のあえもの

野菜の甘さが際立つ

1人分

① 袋ににんじん½本、大根100g（ともにピーラーでスライス）、塩小¼を入れて混ぜ、10分おいて水気をきる。

② マヨ大2、焼き肉のたれ・白すりごま各大1、ごま油小1を加えてあえる。

Point! 塩をふっておくと野菜から水分が抜けてしんなりし、味がなじむ。

にんじん、大根

125

PART 06 あえるだけ副菜&サラダ

大根

あとからピリッ!

No.263 明太子と麺つゆのシャキシャキ大根

1人分

1. ボウルに大根200g(太めのせん切り)、塩小¼を入れて混ぜ、10分おいて水気をきる。
2. 明太子30g(皮を取ってほぐす)、マヨ大2、麺つゆ大1を加えてあえる。

Point! 刻みねぎや刻みのりを散らすとおいしい。

シャキうま!

No.264 塩昆布大根

1人分

1. 大根200g(太めのせん切り)を水に10分さらし、水気をきる。
2. 袋に1、塩昆布大1、ごま油小1、おろししょうが小½、白ごま適量を入れて混ぜ、10分おく。

Point! 大根は水にさらして辛みやアクを抜く。食感もよくなる。

自然な辛みにハマる

No.265 大根サラダ

1人分

A 醤油・ごま油各小2、白だし・酢各小1、砂糖小½

1. 大根200g(太めのせん切り)は水に10分さらし、水気をきる。
2. 袋に1、**A**を入れて混ぜ、10分おく。

Point! 好みで貝割れ大根や刻みねぎ、刻みのり、かつお節、白ごまをかけて。

No.266 きゅうりとツナのピリ辛あえ

淡白なきゅうりを格上げ

1人分

1. 袋に きゅうり1本（細切り）、塩小1/3を入れてもみ、10分おいて水気をふく。
2. ツナ缶1個70g（油をきる）、麺つゆ大1、ごま油小2、ラー油・白ごま各適量を加えてあえる。

Point! きゅうりは塩もみして水分を抜くことで、味がよく入る。

No.267 おつまみ塩だれきゅうり

焼酎とも合います

1人分

袋に きゅうり1本（太めのせん切り）、麺つゆ小1 1/2、おろしにんにく小1/2、塩小1/4、白ごま適量を入れてよくもみ込み、10分おく。

Point! 太めのせん切りにすると食べごたえが出る。10分おくことで味がしっかり入る。

No.268 ひとくち屋台きゅうり

ポリポリ止まらない

1人分

1. きゅうり1本に塩小1/2をよくもみ込み、10分おく。水気をふき、皮を縞目にむいて食べやすく切り、袋に入れる。
2. ごま油小1、鶏ガラの素小1/2、白ごま適量を加えてよくもみ込み、10分おく。

Point! きゅうりはピーラーなどで縞目に皮をむくと見た目もきれいで味がしみやすい。

きゅうり

127

PART 06 あえるだけ副菜＆サラダ

きゅうり

No.269 時短オイキムチ

キムチの調味液を賢く活用

1人分

1. 袋に**きゅうり1本**(輪切り)、塩少々を入れてもみ込み、10分おいて水気をきる。
2. **キムチ100g**(細かく刻む)、ごま油小1、おろしにんにく小½を加えて混ぜる。

Point! 白ごまを散らしても。

No.270 きゅうりと鶏の麺つゆあえ

ヘルシーな小腹満たし

レンジ

1人分

1. 袋に**きゅうり1本**(細切り)、塩1つまみを入れてもみ込み、水気をきる。
2. 容器に**鶏もも肉½枚**(小さめの一口大に切る)、酒小1を入れ、ラップをして6分チン。粗熱を取る。
3. 1、2を混ぜ、麺つゆ大1、ごま油・白ごま各小1を加えてあえる。

Point! きゅうりとなじむように鶏肉は細めに切って。

No.271 きゅうりマカロニサラダ

じゃがいもでボリュームアップ

レンジ

1人分

1. 容器に**マカロニ**(3分ゆでを使用)40g、水適量(浸るまで)を入れ、ラップをして3分チン。混ぜて再び2分チンし、水気をきる。
2. 別の容器に**じゃがいも100g**(小さく切る)を入れ、ラップをして8分チン。つぶして粗熱を取る。
3. 1、2、**きゅうり1本**(輪切り)、マヨ大2、おろしにんにく小½、塩こしょう少々を混ぜる。

Point! マヨネーズが分離するので粗熱を取ってから混ぜる。好みでドライパセリをふっても。

No.272 絶品もやしきゅうり

秒で完食！

1人分

A 砂糖・醤油・酢・鶏ガラの素各小1、白ごま適量

1. 容器にもやし½袋100gを入れ、ラップをして2分チン。水にさらして水気をきる。
2. 袋に**1**、きゅうり1本（細切り）、塩小⅓を入れて混ぜ、5分おく。**A**を加えてあえる。

Point! ラー油を加えるのもおすすめ。

No.273 あえるだけ簡単ツナもやし

鉄板のおいしさ

1人分

A 醤油小2、ごま油小1、砂糖・鶏ガラの素各小½、白ごま適量

1. 容器にもやし½袋100gを入れ、ラップをして2分チン。水にさらして水気をきる。
2. ツナ缶1個70g、**A**を加えてよく混ぜる。

Point! ツナはオイルごと加えてうまみをプラス。刻みねぎをかけても。

No.274 もやしとかまぼこのごま酢あえ

かまぼこのうまみを実感

1人分

1. 容器にもやし½袋100gを入れ、ラップをして2分チン。水気をきり、粗熱を取る。
2. かまぼこ80g（5㎜幅に切る）、麺つゆ・白ごま・白すりごま各大1、酢小2を加えてあえる。

Point! かまぼこの塩気とうまみを利用。

もやし

PART 06 あえるだけ 副菜 & サラダ

ミニトマト

味が濃くなる

No.275 ミニトマトのシンプル砂糖あえ

1人分

ミニトマト10個（ヘタを取る）、砂糖・オリーブ油各大1をあえる。

Point! 砂糖でミニトマトの酸味の角がとれてまろやかに。

超お気楽カプレーゼ

No.276 ミニトマトとモッツァレラチーズのおしゃれサラダ

1人分

A｜オリーブ油大1、レモン汁小1、塩2つまみ、黒こしょう・粉チーズ各適量

器にミニトマト5個（ヘタを取る）、モッツァレラチーズ80g（1cm幅に切る）を盛り、Aをかける。

Point! モッツァレラチーズは一口サイズのものを使ってもOK。

No.277 ミニトマトと玉ねぎの王道あえ

冷製パスタのソースにも

1人分

① 玉ねぎ¼個（薄切り）、オリーブ油・酢各大1、砂糖小1、塩小⅓を混ぜて10分おく。

② 器にミニトマト5個（ヘタを取って4等分に切る）を盛り、1をかけて黒こしょう適量をふる。

Point! 玉ねぎは酢を混ぜておくことで辛みがやわらぐ。

ねぎとごまの風味が◎

No.278
トマトのねぎだれあえ

1人分

トマト1個(一口大に切る)、長ねぎ¼本(みじん切り)、ごまだれ(市販)大1、ごま油小1、おろしにんにく小½をあえる。

Point! 刻みねぎ、白ごまをふっても美味。

シンプルが最高!

No.279
トマトナムル

1人分

トマト½個(一口大に切る)、ごま油小1、鶏ガラの素小½、塩少々をあえる。

Point! あえてから少し時間をおくと味がなじむ。好みで刻みねぎを。

人気のガリトマト風

No.280
トマトの紅しょうがあえ

1人分

器にトマト1個(薄い半月切り)を並べ、塩1つまみをふり、青じそ1枚(細切り)、紅しょうが大1を散らす。

Point! トマトは極薄切りにするとしょうがとのバランスがいい。

PART 06 あえるだけ 副菜 & サラダ

トマト、アボカド

食感も味もバランスよき

No.281 トマトとアボカドのチーズあえ

1人分

トマト1/2個、アボカド1/2個（ともに小さめの一口大に切る）、ベビーチーズ2個（1cm角に切る）に、混ぜ合わせたオリーブ油大1、麺つゆ小2、レモン汁小1、おろしにんにく小1/2を加えてあえる。

Point! 調味料は混ぜてから加えると味が均一に。黒こしょう、ドライパセリをふっても。

No.282 アボカドと豆腐のごまあえ

1人分

A 白すりごま・ごま油各大1、醤油小1、砂糖・おろししょうが各小1/2

アボカド1/2個（一口大に切る）、豆腐1/2丁150g（2cm角に切る）に**A**を加えてあえる。

Point! 好みで青じその細切りをのせても。

まったり濃厚！

No.283 アボカド洋風あえ

1人分

アボカド1個（一口大に切る）、オリーブ油大1、おろししょうが・おろしにんにく各小1/2をあえ、塩2つまみ、黒こしょう適量をかける。

Point! パセリのみじん切りを散らしても。

あと味が深い

No.284
小松菜とのりのごまあえ

1人分

① 容器に小松菜100g（4cm幅に切る）を入れ、ラップをして3分チン。

② 焼きのり2～3枚（食べやすくちぎる）、白だし・ごま油各小1、白ごま適量を加えてあえる。

Point! 小松菜はレンチン後、水きりしなくてOK。出た水分ごと混ぜるのがおいしさのポイント。

うまみがジュワッ

No.285
小松菜と油揚げのラー油あえ

1人分

① 容器に小松菜100g（4cm幅に切る）、油揚げ30g（細切り）を入れ、ラップをして3分チン。

② 麺つゆ小2、鶏ガラの素・ラー油・おろししょうが各小1/2を加えてあえる。

Point! 油揚げはレンチンすれば油抜き不要。

和の素材にパンチを

No.286
小松菜としめじの白だしあえ

1人分

① 容器に小松菜100g（4cm幅に切る）、しめじ50g（ほぐす）を入れ、ラップをして3分チン。

② 白だし小1、おろししょうが小1/2、白ごま適量を加えてあえる。

Point! レンチン後は水気をきらず、小松菜としめじから出たうまみも利用する。

あっさり、上品な味

小松菜

PART 06 あえるだけ 副菜＆サラダ

ほうれん草

No.287 ほうれん草とツナのおひたし

ツナとかつお節でだしいらず♪

1人分

1. 容器にほうれん草1/4束50g（4cm幅に切る）、水50ml、醤油・みりん各小1を入れ、ラップをして2分半チン。軽く水気をきる。
2. ツナ缶1個70g（油をきる）を加えてあえ、かつお節適量をかける。

Point! 調味料とともに加熱するのでほうれん草の水気はあまりきらなくてOK。

No.288 ほうれん草ときゅうりのごま味噌あえ

食感の違いが楽しい

1人分

1. 容器にほうれん草1/4束50g（4cm幅に切る）、麺つゆ小1、おろししょうが小1/2を入れて混ぜ、ラップをして2分チン。軽く水気をきる。
2. きゅうり1/2本（細切り）、白すりごま大1、味噌小2を加えてあえる。

Point! ほうれん草は調味料と一緒に加熱して味をつける。

No.289 ほうれん草とゆで卵の麺つゆサラダ

卵好きにはたまらない

1人分

1. 容器にほうれん草1/4束50g（4cm幅に切る）、水50mlを入れ、ラップをして2分半チン。水気をきる。
2. ゆで卵2個（つぶす）、麺つゆ大1、ごま油小1、おろしにんにく小1/2、白ごま適量を加えてあえる。

Point! ゆで卵は市販品でもOK。細かくつぶすとほうれん草とよくなじむ。

No.290 白菜のごまあえ

かむとうまみがジュワッ!

1人分

1. 容器に**白菜2枚120g**(一口大に切る)を入れ、ラップをして2分チン。水気をきる。
2. 白ごま大2、醤油小2、砂糖・鶏ガラの素各小1/2を加えてあえる。

Point! 白菜はレンチン後、しっかり水気をきると味がぼやけない。

No.291 白菜と中華くらげのあえもの

コリコリ食感が美味!

1人分

- **A** 酢・ごま油各小2、砂糖小1、醤油小1/2、白ごま適量
1. 容器に**白菜2枚120g**(一口大に切る)を入れ、ラップをして2分チン。水気をきる。
2. **中華くらげ**(市販)**80g**、**A**を加えてあえる。

Point! 中華くらげは、くらげをごま油などの調味料で中華風に味つけしたもの。

No.292 白菜ハムの麺つゆあえ

ハムの塩気がちょうどいい

1人分

1. 容器に**白菜2枚120g**(一口大に切る)を入れ、ラップをして2分チン。水気をきる。
2. **ハム2枚**(細切り)、麺つゆ小2、ごま油小1を加えてあえる。

Point! 好みで白ごまや刻みねぎをふっても。

白菜

PART 06 あえるだけ 副菜 & サラダ

白菜

No.293 ちりめん白菜のおひたし

カルシウムの補給に

1人分

① 容器に白菜2枚120g(一口大に切る)を入れ、ラップをして2分チン。軽く水気をきる。

② ちりめんじゃこ30g、麺つゆ大1、白すりごま・ごま油各小1を加えて混ぜる。

Point! レンチンした白菜の甘みを生かして。

レンジ

No.294 白菜生ハムのピリ辛無限白菜

お酒の肴にも!

1人分

① 容器に白菜2枚120g(一口大に切る)を入れ、ラップをして2分チン。水気をきる。

② 生ハム50g(食べやすくちぎる)、豆板醤・ごま油・麺つゆ各小1を加えて混ぜる。

Point! 好みで白ごまをかけても。

レンジ

No.295 白菜とちくわの和風サラダ

ちくわがアクセント

1人分

① 容器に白菜2枚120g(一口大に切る)を入れ、ラップをして2分チン。水気をきる。

② ちくわ2本(輪切り)、醤油・白だし各小1、砂糖小1/2を加えて混ぜる。

Point! ちくわは少し薄めに切ったほうが白菜となじむ。

レンジ

No.296
ブロッコリーとツナのマヨあえ

みんな大好きなツナマヨ

1人分

1. 容器にブロッコリー100g（小房に分ける）を入れ、ラップをして3分チン。粗熱を取る。
2. ツナ缶1個70g（油をきる）、マヨ大2、麺つゆ小2を加えてあえる。

Point! ブロッコリーは小さめに分けるとツナとよくなじむ。

No.297
ブロッコリーとハムのスパイシーあえ

箸がすすむ辛うま味

1人分

1. 容器にブロッコリー100g（小房に分ける）を入れ、ラップをして3分チン。粗熱を取る。
2. ハム2枚（1cm幅に切る）、カレー粉・顆粒コンソメ各小1/2、黒こしょう適量を加えてあえる。

Point! 辛みは黒こしょうで調整して。

No.298
ブロッコリーのおかかごまあえ

かつおとごま油の香りがgood

1人分

1. 容器にブロッコリー100g（小房に分ける）を入れ、ラップをして3分チン。粗熱を取る。
2. かつお節・ごま油各大1、白だし小1、白ごま適量を加えてあえる。

Point! 少し時間をおいてかつお節がなじむとよりおいしい。

ブロッコリー

PART 06 あえるだけ 副菜 & サラダ

No.299 なすのスタミナあえ

ビールのおともに♡

1人分

A｜醤油小2、砂糖・酢各小1、顆粒だし・おろしにんにく・おろししょうが各小½、白ごま適量

容器になす1本（縦半分に切る）を入れ、ラップをして3分チン。Aを加えてあえる。

Point! レンジなら短時間で中まで熱が通る。刻みねぎを散らしても。

No.300 なすかまごまサラダ

かまぼこでうまみをプラス

1人分

A｜麺つゆ・鶏ガラの素・ごま油各小1、おろししょうが小½、白ごま適量

① 容器になす½本（細切り）を入れ、ラップをして3分チン。

② かまぼこ30g（細切り）、Aを加えてあえる。

Point! なすは小さめに切ると味がしみる。

No.301 なすのねぎポンあえ

レンチン3分でやわらかく

1人分

① 容器になす1本（縦半分に切って一口大に切る）を入れ、ラップをして3分チン。

② ポン酢大1、ごま油小1、砂糖小⅓を混ぜ合わせて加え、あえる。

Point! 刻みねぎやかつお節を散らしても。

なす

ゴージャスな
ポテサラ

No.302
のり塩ポテトサラダ

1人分

1. 容器にじゃがいも200g(小さく切る)を入れ、ラップをして6分半チン。つぶして粗熱を取る。
2. ハム2枚(1cm幅に切る)、煮卵(市販)2個、マヨ大2、青のり大1、塩少々、黒こしょう適量を加えて混ぜる。

Point! じゃがいものつぶし加減はお好みで。卵もつぶしながら混ぜる。

No.303
ポテトサラダ ベビースター

カリカリ食感が
うれしい

1人分

1. 容器にじゃがいも200g(小さく切る)を入れ、ラップをして6分半チン。つぶして粗熱を取る。
2. ハム2枚(1cm幅に切る)、ベビースターラーメン(好みの味)ミニ1袋21g、マヨ大2、ごま油小1、おろしにんにく小1/2、塩こしょう少々を加えてあえる。

Point! フライ麺風のスナック菓子「ベビースターラーメン」を活用。どのフレーバーでも合う。

No.304
じゃがりこで生ハムチーズマッシュポテト

スナック菓子が
おしゃれに変身

1人分

1. 容器にじゃがりこ(好みの味)2個、牛乳150mlを入れて混ぜ、ラップをして3分チンし、つぶす。
2. ピザ用チーズ50gを加えて混ぜ、ラップをせずに1分チン。一口大に丸めて生ハム100gで包み、オリーブ油適量を回しかける。

Point! じゃがいもを使ったお菓子「じゃがりこ」をアレンジ。好みで黒こしょう、ドライパセリを。

じゃがいも、ポテトスナック

PART 06 あえるだけ 副菜&サラダ

長いも

ネバネバのコラボ

No.305 長いもと納豆のあえもの

1人分

長いも150g（細切り）、納豆1パック（付属のたれを混ぜる）、麺つゆ大1、ごま油小1、おろししょうが小1/2をあえる。

Point! 納豆の粘り気で全体がなじむまでよくあえて。刻みねぎをのせても。

食物繊維たっぷり！

No.306 長いもわかめのさっぱりあえ

1人分

1. 乾燥わかめ大1を水で戻して水気をきる。
2. 長いも200g（短冊切り）、1、ポン酢大1 1/2、ごま油小1、砂糖小1/3をあえる。

Point! 白ごまをふっても美味。

簡単&低カロリー！

No.307 長いももずくあえ

1人分

長いも150g（短冊切り）、もずく1パック60g、麺つゆ大1、ごま油小1をあえる。

Point! 好みで白ごまや刻みねぎをかけて。

No.308 長いもの明太子あえ

ネバネバと明太子が溶け合う

1人分

長いも200g(細切り)、明太子30g(皮を取ってほぐす)、麺つゆ・ごま油各小2をあえる。

Point! 全体をよくあえて味をなじませて。刻みねぎや刻みのりをのせても。

No.309 中華春雨サラダ

どこかレトロな味わい

1人分

1. 容器に春雨(乾燥)30g、水200mℓ、麺つゆ大2を入れて混ぜ、ラップをして5分チン。粗熱を取る。
2. きゅうり1/3本、ハム2枚(ともに細切り)、ごま油小1、白ごま適量を加えて混ぜる。

Point! 春雨はショートタイプが食べやすい。きゅうりとハムは大きさをそろえると口あたりがいい。

No.310 シーフードサラダ

魚介のうまみでリッチに

1人分

A｜オリーブ油・レモン汁各大1、おろしにんにく小1/2、塩小1/4、黒こしょう適量

1. 容器にシーフードミックス(冷凍)150gを入れ、ラップをして4分チン。粗熱を取って水気をきる。
2. レタス2〜3枚(食べやすくちぎる)、水菜50g(3cm幅に切る)、Aを加えて混ぜる。

Point! 手軽な冷凍シーフードミックスを活用。葉野菜はお好みで替えてもOK。

長いも、春雨、魚介

PART 06 あえるだけ 副菜 & サラダ

魚介

No.311 マグロの韓国風サラダ

1人分

A ごま油小2、砂糖・醤油・酢・鶏ガラの素・おろしにんにく各小½、塩少々

マグロ(刺身用)100g(1cm角に切る)と**A**を混ぜ、サニーレタス2～3枚(食べやすくちぎる)を加えてあえる。

Point! マグロと**A**をあえたら時間をおいて漬けにしてもおいしい。刻みのりや刻みねぎをふっても。

刺身をワンランクアップ!

No.312 マグロと長いものとろとろあえ

1人分

マグロ(刺身用)100g(食べやすい大きさにぶつ切り)、長いも100g(短冊切り)、混ぜ合わせた醤油小2、ごま油小1、顆粒だし小½、砂糖小⅓をあえる。

Point! 調味料は混ぜてから加えると均一に行き渡りやすい。刻みねぎや白ごまをふっても。

一体感がたまらない!

No.313 和風サーモンカルパッチョ

1人分

袋にサーモン(刺身用)100g(一口大のそぎ切り)、麺つゆ大1、オリーブ油小2、おろしにんにく小½を入れてよくもみ込み、5分おく。

Point! 好みで白ごまや刻みねぎ、レモン汁をかけても。

ねっとりとろける!

気分はハワイアン♪

No.314 アボカドサーモンポキ

1人分

アボカド½個、サーモン(刺身用)100g(ともに1cm角に切る)、麺つゆ大1、ごま油小1、おろしにんにく小½、白ごま適量をあえる。

Point! 刻みのりや刻みねぎを散らしても。ご飯にのせてもおいしい。

簡単昆布〆風

No.315 たいの塩昆布あえ

1人分

① 袋にたい(刺身用)100g(食べやすく切る)、塩昆布大1、おろしにんにく小½を入れてよくもみ込み、10分おく。

② オリーブ油大1、レモン汁小1を回しかけ、黒こしょう・ドライパセリ各適量をふる。

Point! たいと塩昆布をよくなじませるとうまみが際立つ。

さっぱりいただく

No.316 たいのレモンマリネ

1人分

たい(刺身用)100g(食べやすく切る)、オリーブ油・レモン汁各大1、おろししょうが小1、塩小½をあえ、10分おく。

Point! 好みで黒こしょうやドライパセリをふっても。

魚介

ひと手間で野菜をおいしく!

野菜を中心に、素材の下ごしらえのポイントを紹介します。

column 超ビギナーさんの自炊テク 07

No.317 青菜はサッとゆでて、サッと冷やす

ほうれん草や小松菜などの青菜は、色味や食感を損なわないようサッとゆでる程度でOK。色鮮やかさと歯ごたえを残すため、ゆでたあとは冷水にさらします。

青菜の下ゆで

水約1ℓに塩小1～2を入れて火にかけ、沸騰したら青菜1束を入れて30秒ほどゆでる。冷水に冷めるまでつけて、水気をきる。

冷やす程度にサッとさらして

No.318 ゆでずにレンジが時短!

食材によっては、ゆでるよりもレンジ加熱のほうが熱の通りがよく、時短になります。栄養やうまみを逃さず丸ごと味わえるのもよいところ。

加熱時間の目安

- もやし、きのこなど…約2分
- じゃがいも、にんじんなど（一口大に切ったもの）…約5分

少量の野菜はレンジがラク!

No.319 塩もみで味がしみやすく

きゅうりや大根など水分が多い野菜は、塩をもみ込み、しんなりするまでおいて水分を出すと調味料がなじみ、味がしみやすくなります。

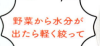

野菜から水分が出たら軽く絞って

No.320
葉野菜は湯に浸してシャキッと!

浸したあとは水気をきって

レタスなどの葉野菜は氷水や冷水につけるとシャキッとするイメージですが、じつはそれよりおすすめなのが"湯"。手で触れられるくらいの温度の湯に5分ほど浸すと、栄養を逃さずにシャキッと感が出ます。

No.321
サラダ用野菜はしっかり水をきる

サラダを作るときの野菜はしっかり水きりをしないと、味が薄くなってしまいます。洗った野菜はざるに上げて水気をきり、ペーパータオルでさらに水気をふきます。

水きり器が便利!

野菜を入れてハンドルを回すだけでラクに水気がきれる「水きり器」が超便利。100円ショップなどで購入できます。

No.322
「繊維を断ち切る」とやわらか食感に!

野菜には一定方向に走っている繊維があり、沿って切るか断ち切るかで食感が変わります。

繊維に沿って切る

繊維と平行に切る切り方。繊維が残るのでシャキシャキ食感に仕上がります。玉ねぎなら、サラダや野菜炒めなど歯ごたえを残したいメニューに。

繊維を断ち切る

繊維に対して垂直に切る切り方。繊維が断たれるので、やわらかめの食感に仕上がります。玉ねぎは辛みが出るため、生よりも加熱調理のときに。

ひと手間で野菜をおいしく！

column 超ビギナーさんの自炊テク 07

No.323 野菜をすりおろすコツ

大根 皮に栄養が多く含まれるため、皮つきのままおろすとgood。

にんにく 皮をむいてからおろします。

しょうが 皮つきのままおろしてOKですが、色がついてしまうため見た目が気になる場合はむいたほうがベター。

おろし器は100円ショップなどでも購入できます。目の粗さが2タイプあるものなど種類もいろいろあり。

すりおろすのが面倒なら、すぐ使えるチューブを使えば時間や手間を大幅カット！

No.324 オクラはネットのまま下ごしらえ

ネットに入ったオクラに塩をふり、こすり合わせれば、オクラに必要な下ごしらえ「板ずり」が簡単にできます。

板ずりとは？
塩をまぶし、まな板などの上でころがすこと。口あたりがよくなり、塩をこすりつけることで色味がきれいになり、アクも抜けます。

No.325 じゃがいもの芽の取り方

じゃがいもの芽は毒素が含まれているため取り除きます。初心者は包丁よりピーラーのほうが安全です。

包丁で
包丁の刃元を芽にあててぐるりと回し、掘るように取り除きます。

ピーラーで
ピーラーの横の出っ張り（芽取り）を芽にあて、くりぬくように除いて。

No.326 じゃがいもの皮を加熱後にむく

じゃがいも1個をラップで包んで3分半チン。ラップをはずして粗熱を取り、ペーパータオルで包んで皮をこするようにすると簡単に皮がむけます。芽もスプーンなどでくりぬいてラク。

するりとむける！

146

野菜以外の下ごしらえも!

No.327 きのこは石づきを取る

きのこ類の軸の先端部分を石づきといい、かたくて食感が悪いので取り除きましょう。しいたけは先端の5mm～1cm、しめじは1～2cm、えのきは2～3cmほどを切り落として。

> 食べられる部分まで捨ててしまわないよう切りすぎに注意!

No.328 豆腐の水きりはレンチンがラク!

水っぽくなったり、味がぼやけたりするのを防ぐため、料理によって豆腐を水きりする場合があります。重しをのせる方法が一般的ですが、レンジを使えば短時間でできて簡単!

レンジの水きり方法
豆腐1丁をペーパータオルで2重に包んで容器にのせ、ラップなしで3分チン。

No.329 えびの背ワタは爪楊枝で取る

えびの背ワタは残ったままだと味や食感が悪くなるので取り除きます。背を伸ばすように軽く曲げ、頭から2～3節目に爪楊枝を刺し入れ、引き抜くようにすれば簡単に取れます。

> この黒い部分が背ワタ!

PART

07

ご飯だけで満足できる！

ひと手間
ご飯

白米もおいしいですが、具入りや味つけがしてあると、
ごちそう感が出て、満足度がアップ！
炊き込みご飯、炒めご飯、雑炊、リゾット、
おにぎり、卵かけご飯、一皿で完結する丼ものなど、
ご飯をよりおいしく食べられるレシピを紹介します。

No.330 絶品チーズ炊き込みご飯

ギルティな味わい

2～3人分

1. 炊飯釜に白米2合(洗って水気をきる)、ウインナー3本(細かく切る)、ごま油小1を入れて混ぜる。
2. 2合分より少なめの水、鶏ガラの素大2、黒こしょう適量を加えて混ぜ、通常炊飯。
3. 溶き卵2個分、ピザ用チーズ1つかみを加えて混ぜ、5分おく。刻みねぎ適量をのせる。

Point! 調味料や具材の水分が加わるから、水の量は通常より少し少なめに。

炊飯器

No.331 ねぎ塩豚こま炊き込みご飯

食べごたえ満点!

2～3人分

A 2合分より少なめの水、麺つゆ大1、塩・顆粒だし・ごま油各小1

炊飯釜に白米2合(洗って水気をきる)、豚こま肉200g、長ねぎ1/4本(薄切り)、**A**を入れて混ぜ、通常炊飯。刻みねぎ適量をのせる。

Point! 豚肉のうまみがご飯にしみて豊かな味わいに。好みで白ごまをふっても。

炊飯器

ウインナー、豚肉・炊き込みご飯

PART 07 ひと手間ご飯

レタス、魚介、ウインナー・炒めご飯

No.332 さわやかレタスチャーハン

王道の味わい！

1人分

1. ご飯200gと卵2個を混ぜ、ごま油小1を熱したフライパンでサッと炒める。
2. レタス2枚(食べやすくちぎる)、醤油小1、鶏ガラの素小1/2、塩小1/4、こしょう適量を加え、レタスがしんなりするまで炒める。刻みねぎ適量をのせる。

Point! 卵とご飯を混ぜておくと短時間でパラパラに。レタスはしんなりする程度にサッと炒めて。

No.333 シーフードピラフ

バターでリッチな味

1人分

1. シーフードミックス(冷凍)100gを袋の表示通りに解凍し、しっかり水気をふく。
2. オリーブ油小1を熱したフライパンで1をサッと炒め、ご飯200g、バター10gを加えてなじむまで炒める。
3. 顆粒コンソメ小1/2、塩小1/4、黒こしょう適量を加えて混ぜる。

Point! シーフードミックスは冷凍でストックしておける便利食材。好みでドライパセリを。

No.334 ウインナーケチャップライス

ホッとする懐かしい味！

1人分

1. オリーブ油小1を熱したフライパンでウインナー2本(輪切り)を焼き色がつくまで炒める。
2. ご飯200g、ケチャップ大2、おろしにんにく小1/2、塩こしょう少々を加え、炒め合わせる。

Point! ウインナーに焼き色をつけて香ばしさをアップ。好みでドライパセリをふっても。

No.335 アスパラとなすの洋風炒めご飯

食感の違いが楽しい

1人分

1. フライパンにバター10g、にんにく1片(薄切り)を入れて軽く炒める。
2. アスパラガス2本(3cm長さに切る)、なす¼本(5mm幅に切る)を加えて火が通るまで炒める。
3. ご飯200g、ドライパセリ小1、塩少々、黒こしょう適量を加え、炒め合わせる。

Point! にんにくから香りが出るまで炒めたら野菜を加えて。なすは早く火が通るように薄切りに。

フライパン

No.336 バターコーン炒めご飯

コーンが鮮やか!

1人分

1. バター20gを溶かしたフライパンにコーン(水煮)40gを入れ、焼き色がつくまで炒める。
2. ご飯200g、顆粒コンソメ小½、塩こしょう少々を加えて炒め合わせる。

Point! コーンを先に炒めることで甘みと香ばしさがアップ。好みでドライパセリをふって。

フライパン

No.337 小松菜と塩昆布の炒めご飯

塩昆布の塩気で

1人分

1. フライパンに小松菜80g(みじん切り)、塩昆布・ごま油各大1、おろししょうが小½を入れ、火が通るまで炒める。
2. ご飯200gを加えて混ぜる。

Point! 塩気もうまみも充分の塩昆布で、調味料いらず。

フライパン

野菜、コーン・炒めご飯

151

PART 07 ひと手間ご飯

キムチ、ベーコン、梅干し・混ぜご飯

No.338 キンパ風混ぜご飯

韓国風のり巻きを巻かずにアレンジ

1人分

1. 容器にご飯200g、キムチ100g、焼きのり適量（食べやすくちぎる）、ごま油小1、麺つゆ小½を入れてよく混ぜる。
2. ピザ用チーズ1つかみをのせ、ラップをして1分チン。刻みねぎ適量をのせる。

Point! チーズとキムチは相性抜群。よくからめながら食べて。

No.339 ベーコンガーリックライス

レンチンですぐ完成！

1人分

1. 容器にご飯200g、ベーコン50g（細切り）、顆粒コンソメ・おろしにんにく各小1、黒こしょう適量を入れて混ぜ、ラップをして2分チン。
2. バター10gを加えて溶かしながら混ぜる。

Point! ベーコンは厚切りのものを選ぶと食べごたえが出る。好みでドライパセリをふって。

No.340 梅おかかの混ぜご飯

かつお節の香り漂う

1人分

ご飯200g、梅干し1個（種を除いて刻む）、かつお節・麺つゆ各大1、おろししょうが小½を混ぜる。

Point! かつお節でうまみと香りをプラス。仕上げに追加でのせても。

No.341 すき焼き風雑炊

食器ひとつでズボラ飯!

1人分

1. 水100ml、醤油・みりん各大2、砂糖大1を混ぜ合わせる。
2. 容器に薄切り肉(牛または豚)100g(一口大に切る)、長ねぎ¼本(斜め薄切り)、玉ねぎ¼個(薄切り)、ご飯150gを入れて**1**を回しかけ、ラップをして5分チン。
3. 溶き卵2個分を流し入れる。

Point! 加熱後、肉に火が通っていなければ追加で加熱を。卵は余熱で熱を通して。好みで刻みねぎをかけて。

No.342 豆腐のチーズ雑炊

ふわふわとろ〜り

1人分

1. 容器にご飯150g、絹ごし豆腐½丁150g、溶き卵1個分、水80ml、鶏ガラの素・ごま油各小1を入れ、ピザ用チーズ30gを加え、ラップをして3分チン。
2. 黒こしょう適量をふり、刻みねぎ適量をのせる。

Point! すべての材料を入れてレンチンするだけ。チーズは最後にのせて。

No.343 簡単ケチャップ雑炊

洋風テイスト!

1人分

1. 鍋に水100ml、顆粒コンソメ小½を入れて煮立たせ、ご飯200g、ケチャップ大2、塩こしょう適量を加えて混ぜる。
2. 溶き卵1個分を流し入れ、ふわっとかたまったら火を止める。

Point! 溶き卵を加えたら早めに火を止めてふんわり仕上げる。ドライパセリをふっても。

肉、豆腐、卵・雑炊

PART 07 ひと手間ご飯

天かす、梅干し、塩昆布・おにぎり

ラー油がアクセント

No.344
青じそと天かすのおにぎり

1〜2人分

ご飯200g、天かす30g、青じそ3枚（みじん切り）、麺つゆ大1½、ラー油・青のり各小1をよく混ぜ、おにぎりを作る。

Point! 天かすでコク、ラー油でピリ辛感、青じそと青のりで香りをプラス。

うまみと酸味が好バランス

No.345
梅と塩昆布のおにぎり

1〜2人分

ご飯300g、梅干し2〜3個（種を除いて刻む）、塩昆布10g、ごま油小1、刻みねぎ適量をよく混ぜ、おにぎりを作る。

Point! ランチやお弁当、晩酌のシメにもおすすめ。

シンプルがウマい！

No.346
塩昆布ののり巻きおにぎり

1〜2人分

ご飯300g、塩昆布大1½、青のり・ごま油各小1、鶏ガラの素小⅓を混ぜる。おにぎりを作り、焼きのり適量で巻く。

Point! 塩昆布、青のり、焼きのりを組み合わせて海藻の香り豊かに。

No.347 フライパンで簡単チーズ焼きおにぎり

チーズがとろ〜り!

1〜2人分

1. ご飯300g、醤油大1、みりん小2、顆粒だし小1を混ぜ、ピザ用チーズ30gを等分に包んでおにぎりを作る。
2. ごま油小1を熱したフライパンに1を入れ、焼き色がつくまで両面を焼く。

Point! 焼くときに崩れないように、おにぎりはしっかりめににぎって。

No.348 キムチ焼きおにぎり

ごちそう感満載!

1〜2人分

1. ご飯200g、キムチ80g、ピザ用チーズ40g、もみのり適量、白ごま・焼き肉のたれ各小1を混ぜ、おにぎりを作る。
2. 油大1を熱したフライパンに1を入れ、焼き色がつくまで両面を焼く。

Point! 汁ものを合わせるだけで立派な献立の完成。

No.349 簡単手作り鮭フレークおにぎり

手作りの味がしみる

1〜2人分

1. 鍋に湯を沸かして塩鮭2切れを入れ、4分ゆでる。水気をふき、粗熱が取れたら皮をはずしてほぐす。
2. ごま油大1を熱したフライパンで1を炒め、酒・みりん各大1、醤油小1、白ごま適量を加えてからめる。
3. ご飯200gと2を混ぜ、おにぎりを作る。

Point! 鮭は一度ゆでると臭みが抜ける。好みの大きさにほぐして。

チーズ、キムチ、鮭・おにぎり

155

PART 07 ひと手間ご飯

卵・TKG

にんにくと ごま油が香る

No.350 塩TKG

1人分

① ご飯1膳、ごま油小2、鶏ガラの素・おろしにんにく各小1/2、塩1つまみを混ぜる。
② 器に盛り、卵1個をのせる。

Point! ご飯に調味料を混ぜておくことでグレードアップ。好みで刻みねぎをのせて。

ラー油は たっぷりめに

No.351 中華風TKG

1人分

A｜醤油・ごま油・鶏ガラの素・おろしにんにく各小1/2、ラー油適量
① 卵1個、Aをよく混ぜ合わせる。
② 器にご飯1膳を盛って1をかけ、刻みねぎ適量をのせる。

Point! 卵と調味料を混ぜておくのがポイント。やみつき味の卵液が白いご飯によく合う。

バターが じんわり！

No.352 麺つゆバターTKG

1人分

① 卵1個、麺つゆ大1・1/2、おろしにんにく小1、顆粒だし・ごま油各小1/2をよく混ぜ合わせる。
② 器にご飯1膳を盛ってバター10gをのせ、1をかける。

Point! 食べる直前にバターをのせてご飯の熱で溶かして。好みで刻みねぎを。

No.353 キムマヨTKG

よく混ぜて食べて

【1人分】
1. キムチ100g、納豆1パック(付属のたれを混ぜる)、おろししょうが・ごま油各小1を混ぜる。
2. 器にご飯1膳を盛って1をかけ、卵黄1個分をのせる。マヨ適量をかけ、刻みのり・刻みねぎ各適量をかける。

Point! キムチと納豆は加熱せずに食べられるので手軽。好みで白ごまをふって。

No.354 最強ピリ辛TKG

無限にかき込める!

【1人分】
A 焼き肉のたれ大1強、ごま油・ラー油・コチュジャン・おろししょうが・おろしにんにく各小1、白ごま適量
1. 卵1個、Aをよく混ぜ合わせる。
2. 器にご飯1膳を盛って1をかけ、刻みねぎ・刻みのり各適量をのせる。

Point! パンチのある調味料を組み合わせてインパクトの強い味わいに。

No.355 やみつきねぎだくTKG

箸が止まらない!

【1人分】
1. 容器にごま油大2を入れ、ラップなしで50秒チン。
2. 卵1個、刻みねぎ適量、焼き肉のたれ大1強、おろしにんにく小1、1をよく混ぜ合わせる。
3. 器にご飯1膳を盛って2をかける。

Point! 加熱したごま油を熱いうちにねぎなどと混ぜ、ねぎ油風に。好みでラー油をかけても。

卵・TKG

PART 07 ひと手間ご飯

チーズ・リゾット、ドリア

No.356 キムたまチーズリゾット

レンチンで超手軽!

1人分

① 容器にご飯200g、**キムチ50g**、水150㎖、顆粒コンソメ小½を入れて混ぜ、ラップをして3分チン。

② 卵1個を加えてよく混ぜ、**ピザ用チーズ1つかみ**をのせる。再びラップをして1分チン。

Point! 水を加えて加熱することでとろとろの食感に。仕上げにドライパセリをふっても。

（レンジ）

No.357 コンビニのハンバーグでラクうまドリア

市販品で簡単!

1人分

① 油小1を熱したフライパンで**ハンバーグ（市販、デミグラス味）170g**を細かくほぐしながら焼く。

② ご飯200g、ケチャップ大2、塩1つまみ、黒こしょう適量を加えてよく混ぜる。

③ **ピザ用チーズ適量**をのせ、ふたをして1分加熱する。黒こしょう適量をふる。

Point! 市販のハンバーグをほぐしてひき肉代わりに。好みでドライパセリを。

（フライパン）

No.358 ウインナーホワイトドリア

香ばしさがたまらない!

1人分

① 牛乳100㎖、顆粒コンソメ小½を混ぜ合わせる。

② 容器にご飯200gを盛って**1**をかけ、玉ねぎ¼個（みじん切り）、**ウインナー3本**（斜め薄切り）、ピザ用チーズ30g、バター10gをのせる。

③ トースターで5分ほど加熱する。

Point! 途中で表面が焦げてきたらアルミ箔をかぶせて加熱を。好みでドライパセリをふって。

（トースター）

No.359 さっぱり塩キャベ豚丼

レンジで簡単！

1人分

- **A** 白だし小1、鶏ガラの素・おろしにんにく・おろししょうが各小½、ごま油適量
1. 容器に豚バラ薄切り肉100g(一口大に切る)、キャベツ1〜2枚(一口大にちぎる)、**A**を入れ、混ぜる。ラップをして5分チン。
2. ご飯1膳にのせ、卵黄1個分をのせる。

Point! レンジ加熱後、豚肉に火が通っていなかったら追加で加熱を。好みで黒こしょうや刻みねぎを。

レンジ

No.360 ねぎ盛豚カルビ丼

ねぎのダブル使いで

1人分

- **A** 水・ごま油各大1、白だし・鶏ガラの素各小1、おろしにんにく小½、刻みねぎ適量
1. 長ねぎ10cm(みじん切り)、**A**を混ぜ合わせる。
2. 油小1を熱したフライパンに豚バラ薄切り肉100g(一口大に切る)、酒小1を入れ、火が通るまで炒める。
3. 余分な脂をふき、1を加えてサッとからめる。ご飯1膳にのせる。

Point! 長ねぎと刻みねぎを混ぜて風味をアップ。豚肉は調理バサミで切るとラク。

フライパン

No.361 究極のズボラかつ丼

市販のかつをアレンジ！

1人分

- **A** 水50mℓ、醤油・みりん・酒各大1、砂糖小2、顆粒だし小½
1. フライパンに玉ねぎ¼個(薄切り)、**A**を入れて混ぜ、煮る。しんなりしたら、とんかつ(市販)1枚を加え、なじませながらさらに煮る。
2. 溶き卵2個分の半量を流し入れ、少しかたまったら残りを流し入れて火を止める。
3. ご飯1膳に2をのせる。

Point! 溶き卵は2回に分けて入れ、火が通りすぎてかたくなるのを防ぐ。好みで刻みねぎを。

フライパン

豚肉・丼

PART 07 ひと手間ご飯

No.362 チーズ親子丼

ぺろりと完食必至!

1人分

1. 袋に鶏もも肉1/2枚(一口大に切る)、麺つゆ大1強、みりん・砂糖各小1を入れてもみ込む。
2. 卵2個、ピザ用チーズ適量をよく混ぜ合わせる。
3. 油大1を熱したフライパンに1を入れ、火が通って焼き色がつくまで炒める。
4. 2の半量を流し入れ、半熟になったら残りを流し入れてさらに加熱し、ご飯1膳にのせる。

Point! 卵液を加えたら、そのつどやさしく混ぜながら加熱して。好みで刻みねぎを。

No.363 のりマヨチキン丼

青のりで風味豊か

1人分

1. 袋に鶏もも肉1枚(一口大に切る)、酒大1、片栗粉小1、塩小1/4、黒こしょう適量を入れてもみ込む。
2. 油小1を熱したフライパンに1を入れ、火が通ってカリカリになるまで炒める。
3. 余分な脂をふき、マヨ大2、麺つゆ大1、おろしにんにく小1/2、青のり適量を加えてよくからめる。ご飯1膳にのせる。

Point! 鶏肉は香ばしい焼き色がつくまで焼いて。好みで刻みねぎを散らしても。

No.364 漬けささみ丼

ヘルシーだけど大満足!

1人分

A 麺つゆ大3、マヨ大2、みりん・コチュジャン各大1、おろしにんにく小1/2

1. 袋に鶏ささみ3本(筋を除く)、**A**を入れてもみ込み、30分漬ける。
2. 油小1を熱したフライパンに1を入れ、火が通るまで焼く。
3. ご飯1膳に2をのせて卵黄1個分をのせ、白ごま・刻みねぎ各適量を散らす。

Point! 鶏肉は漬け汁ごとフライパンに入れ、味がしっかりつくようによくからめながら加熱して。

鶏肉・丼

No.365 ひき肉のしぐれ煮風丼

調味料は黄金比!

1人分

1. フライパンに醤油・砂糖・みりん・水各大1を入れて火にかけ、煮立ったら合いびき肉100gを加えて煮詰める。
2. ご飯1膳にのせ、刻みねぎ適量をのせる。

Point! ひき肉を加えたら、汁気がなくなるくらいまで煮詰めて。

フライパン

No.366 ズボラそぼろ丼

お弁当にもおすすめ!

1人分

1. 袋に合いびき肉120g、焼き肉のたれ大1½、おろしにんにく・おろししょうが・ごま油各小½を入れてよくもみ込む。
2. 油小1を熱したフライパンで1を火が通るまで炒める。
3. 容器に溶き卵2個分を入れ、ラップなしで1分チン。取り出して混ぜ、再び30秒チンして混ぜる。ご飯1膳に2とともにのせ、刻みねぎ適量を散らす。

Point! 卵はレンジ加熱でふんわりそぼろに。

フライパン / レンジ

No.367 皮なし餃子丼

食べたらまさに餃子!

1人分

1. 容器に合いびき肉100g、キャベツ1〜2枚(粗みじん切り)、酒・おろしにんにく・おろししょうが各小½、塩少々を入れて混ぜ、ラップをして3分チン。
2. ニラ¼束(粗みじん切り)、ポン酢大1、鶏ガラの素・ごま油・砂糖各小1を加えて混ぜ、再びラップをして5分チン。
3. ご飯1膳に2をのせ、卵黄1個分をのせてラー油適量をかける。

Point! 熱の通りが早いニラは、時間差で加えて。

レンジ

ひき肉・丼

PART 07 ひと手間ご飯

牛肉、ベーコン、ウインナー・丼

No.368 絶品チーズ牛丼

黒こしょうがアクセント

1人分

A 醤油大1、酒小2、砂糖小1、顆粒だし・おろしにんにく・おろししょうが各小½

1. 油小1を熱したフライパンで**牛こま肉150g**を炒める。
2. 弱火にし、Aを加えて混ぜながら煮る。煮立ったら**ピザ用チーズ50g**を加えてからめる。
3. **ご飯1膳**に2をのせ、**黒こしょう**適量をふる。

Point! 牛肉を炒めてから煮ることで、うまみが引き出されておいしくなる。

フライパン

No.369 ふわとろカルボ丼

ベーコンがゴロゴロ！

1人分

1. **卵2個、ピザ用チーズ**適量、**麺つゆ**大2、**おろしにんにく**小½をよく混ぜる。
2. バター10gを溶かしたフライパンに**ベーコン80g**(食べやすく切る)を入れ、焼き色がつくまで焼く。
3. 弱火にし、1の半量を流し入れ、半熟になったら残りを流し入れて好みのかたさになるまで焼く。**ご飯1膳**にのせ、**黒こしょう**適量をふる。

Point! ベーコンは厚切りを使用すると食べごたえが出る。好みでドライパセリを。

フライパン

No.370 ガーリックマヨウインナー丼

豪快にのっけて！

1人分

1. 油小1を熱したフライパンに**ウインナー5本**を入れ、焼き色がつくまでころがしながら焼く。
2. **にんにく1片**(薄切り)、**焼き肉のたれ**大1を加え、照りがつくまでさらに焼く。
3. **ご飯1膳**にのせ、**マヨ**適量をかけ、**黒こしょう**適量をふる。

Point! ウインナーは切らずに焼くことでパリッと食感が楽しめる。

フライパン

No.371 生ハムのなめろう丼

和と洋の融合!

1人分

A ごま油小1、麺つゆ・おろしにんにく・おろししょうがが各小½

① 生ハム40g（細かく刻む）、長ねぎ¼本（みじん切り）、**A**を混ぜ合わせる。

② ご飯1膳に**1**をのせ、刻みのり適量、卵黄1個分をのせる。

Point! 魚の代わりに生ハムを細かく刻んでなめろう風に。卵黄もよくからむ。

No.372 海鮮ユッケ風丼

包丁＆まな板不要

1人分

A 焼き肉のたれ大2、ごま油・コチュジャン・おろしにんにく各小1、醤油小½

① 刺身（盛り合わせ）200g、**A**を混ぜ合わせ、10分漬ける。

② ご飯1膳に**1**をのせ、卵黄1個分をのせて白ごま適量をふる。

Point! 刺身は好みの種類を使って。

No.373 明太サーモン丼

魚介のダブル使いで

1人分

① サーモン（刺身用）100g（食べやすく切る）、麺つゆ小1、おろしにんにく・おろししょうがが各小½を混ぜ、10分漬ける。

② **1**と明太子20g（皮を取ってほぐす）をからめ、ご飯1膳にのせる。卵黄1個分、刻みねぎ適量をのせ、白ごま適量をふる。

Point! サーモンは下味をつけてから明太子と合わせて。

生ハム、魚介・丼

ご飯のおいしい炊き方と保存

毎日のように食べるご飯。よりおいしく味わうため、上手な炊き方や保存のコツを紹介！

column 超ビギナーさんの自炊テク 08

No.374
みりんでご飯がふっくら！

米を洗って水加減し、炊飯器にセットしたら、米1合に対してみりん大1を加え、通常炊飯。みりんの力でふっくらと、つやつやに炊き上がり、いつものご飯がグレードアップ。

新米のようなおいしさに！

No.375
おにぎりはラップを使うと簡単！

おにぎりはラップを使って作ると、衛生的で手も汚れません。

ラップの上に材料をのせる

ラップを広げ、ご飯の半量→具材→残りのご飯を順にのせます。

ラップで包んでにぎる

ラップで包み、三角形になるように回転させながら軽くにぎります。米粒がつぶれないよう、力を入れすぎないのがポイント。

No.376
余ったご飯はすぐ冷凍！

冷凍すると長持ちしておいしさもキープ！

ご飯は劣化するので炊いてから2〜3日で食べ切って。すぐに食べない分は1食分ずつ小分けにしてラップに包み、冷凍保存がおすすめ。温かいままだと冷凍室内の他の食材が傷む恐れがあるため、しっかり冷ましてから入れましょう。

PART 08

手軽なランチにもぴったり!
かんたん
パスタ＆麺類

ご飯を炊いておかずを作る気力がないときは、
一皿でさくっと済ませられる麺類が頼りになります。
さまざまな味のパスタから、そば、うどん、焼きうどん、
ラーメン、焼きそば、そうめんまで。
覚えておきたい麺類をひと通り網羅しました。

PART 08 かんたんパスタ&麺類

肉、明太子・釜玉そば、釜玉うどん

No.377 すき焼き風釜玉そば

麺と具材をよく混ぜて

1人分

1. 鍋に湯を沸かし、そば1束を入れて軽くほぐし、袋の表示通りにゆでる。途中で牛こま肉100gも加えてゆで、ともに水気をきる。
2. 器に麺つゆ大2、顆粒だし小1、おろししょうが適量を入れて混ぜ合わせ、1を加えてからめる。
3. 卵1個を加えて混ぜ、刻みねぎ適量をのせる。

Point! 牛肉は色が変わるまでゆでる。そばはゆでたあと、水にさらしてシメる。好みで七味唐辛子をふって。

鍋

No.378 とんこつ風釜玉うどん

驚くほど本格的!

1人分

1. 容器に豚バラ薄切り肉100g（食べやすく切る）、鶏ガラの素・味噌・麺つゆ各小1、水100mlを入れてよく混ぜる。
2. 冷凍うどん1玉を加え、ラップをして6分チン。
3. 牛乳大2、ごま油小1、おろしにんにく小½を加えて混ぜ、卵黄1個分、刻みねぎ適量をのせる。

Point! あふれないように深めの容器か耐熱の丼を使って。

レンジ

No.379 明太チーズ釜玉うどん

忙しいときに作りたい

1人分

1. 容器に冷凍うどん1玉を入れ、袋の表示通りにチン。
2. 器に盛り、温かいうちに卵1個を割り入れ、ピザ用チーズ1つかみ、明太子30g（皮を取る）、麺つゆ小2を加えてよく混ぜる。刻みのり適量をのせる。

Point! 冷凍うどんはレンジ加熱すればラクちん。好みで刻みねぎや、さらに明太子をトッピングしても。

レンジ

No.380 麺つゆ鶏ガラ冷やしうどん

お財布にやさしい！

1人分

A 水100㎖、麺つゆ80㎖、ごま油小1、鶏ガラの素・おろしにんにく・おろししょうが各小½、(好みで)氷適量

1. 容器に冷凍うどん1玉を入れ、袋の表示通りにチン。
2. 器にAを入れてよく混ぜ、1を加えてからめる。

Point! 氷を加えてキンキンに冷やしても。好みで刻みねぎをのせて。

No.381 卵かけ塩つけうどん

あっさりだけどコクがある！

1人分

A 湯100㎖、ごま油・鶏ガラの素・おろしにんにく各小½、塩小⅓、かつお節1つまみ

1. 容器に冷凍うどん1玉を入れ、袋の表示通りにチン。
2. 器に盛り、卵1個を割り入れ、ごま油少々を回しかけ、よく混ぜる。
3. Aをよく混ぜて別の器に入れ、2をつけながら食べる。

Point! 好みでつけだれとうどんに刻みねぎをプラスしても。

No.382 鶏だしねぎ塩つけうどん

トッピングが豪華！

1人分

A 水200㎖、ごま油・鶏ガラの素各小1、おろししょうが・おろしにんにく各小½、塩小¼

1. 鍋にAを入れて火にかけ、煮立ったら鶏もも肉1枚(一口大に切る)を加え、火が通るまで煮る。
2. 1に長ねぎ10㎝(1㎝幅の斜め切り)を加えてサッと煮たら、器に盛る。
3. 容器に冷凍うどん1玉を入れ、袋の表示通りにチン。別の器に盛り、焼きのり・刻みねぎ各適量、ゆで卵1個(半分に切る)を添える。2につけて食べる。

Point! 鶏肉も長ねぎも調理バサミで切るとスムーズ。ゆで卵は市販品でもOK。

卵、鶏肉・冷やしうどん、つけうどん

167

PART 08 かんたんパスタ&麺類

豚肉、鶏肉・温うどん

No.383 豚こま肉うどん

つゆの加熱もレンジで

1人分

1. 容器に豚こま肉100g、醤油大1½、みりん・水各大1、砂糖小2を入れ、ラップをして5分チン。
2. 別の容器に水200㎖、白だし大2、顆粒だし小1を入れてよく混ぜ、冷凍うどん1玉を加え、ラップをして6分チン。1をかけ、刻みねぎ適量をのせる。

Point! 一味唐辛子や七味唐辛子をふるのもおすすめ。

No.384 担々豚しゃぶうどん

ごまがマイルド！

1人分

A　ごまドレッシング（市販）・麺つゆ・水各大2、ごま油・ラー油各小1

1. 容器に冷凍うどん1玉、豚こま肉100gを入れ、ラップをして5分チン。
2. Aを混ぜ合わせて1にかけ、刻みねぎ適量をのせる。

Point! 市販のドレッシングを使うことで手軽に本格的な味に。白ごまや刻みのりをかけても。

No.385 ねぎ塩鶏うどん

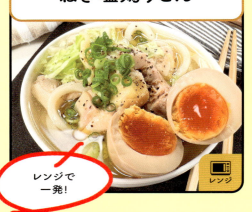

レンジで一発！

1人分

A　水300㎖、鶏ガラの素大1、醤油・おろしにんにく・おろししょうが各小½

1. 容器にAを入れて混ぜ合わせる。キャベツ1～2枚、鶏もも肉½枚（ともに小さく切る）、冷凍うどん1玉を加え、ラップをして6分チン。
2. 全体を混ぜ、黒こしょう・刻みねぎ各適量をのせ、ごま油小½を回しかける。

Point! 好みで、コンビニなどで手に入る市販の煮卵をトッピングすれば、ぐっと豪華に。

No.386 韓国風キムチーズうどん

1人分

1. 容器に**キムチ50g**、**コチュジャン・ごま油各小1**を入れて混ぜる。
2. **冷凍うどん1玉**を加え、ラップをして5分チン。
3. **卵1個**、**麺つゆ小2**を加えて混ぜ、**ピザ用チーズ50g**をのせ、再びラップをして1分チン。**韓国のり適量**(細切り)を散らす。

Point! 韓国のりは焼きのりを使ってもOK。

レンジ

辛みとコクで大満足!

No.387 ヘルシー簡単わかめうどん

1人分

1. 鍋に**水300mℓ**、**顆粒だし小1**を入れて火にかけ、煮立ったら**冷凍うどん1玉**を加え、袋の表示通りにゆでる。
2. **白だし大1**を加えて混ぜ、**乾燥わかめ大1**を加えて戻るまで軽く煮る。

Point! 乾燥わかめはストックしておけば、手軽に使えて便利。

鍋

疲れた体にしみわたる

キムチ、わかめ・温うどん

PART **08** かんたんパスタ＆麺類

豚肉、魚介・焼きうどん

No.388 王道絶品焼きうどん

かつお節は必須！

【1人分】
1. 容器に冷凍うどん1玉を入れ、袋の表示通りにチン。
2. 油小1を熱したフライパンに豚こま肉80g、塩こしょう少々を入れ、焼き色がつくまで炒める。キャベツ1枚（食べやすくちぎる）、玉ねぎ¼個（薄切り）、ピーマン1個（縦に1cm幅に切る）を加え、火が通るまで炒める。
3. 1、醤油・みりん各小2、顆粒だし小1を加えてからめ、食べる直前にかつお節適量を散らす。

Point! うどんと調味料を加えたあとは、サッとからめる程度でOK。

No.389 韓国風ピリ辛焼きうどん

オイスターソースでコク増し

【1人分】
A 焼き肉のたれ大1、オイスターソース・コチュジャン各小1、おろしにんにく・おろししょうが各小½
1. 容器に冷凍うどん1玉を入れ、袋の表示通りにチン。
2. ごま油小1を熱したフライパンで豚バラ薄切り肉80g（一口大に切る）を火が通るまで炒める。
3. 1、Aを加えてからめ、白ごま適量をふる。

Point! 仕上げに糸唐辛子をのせるとより本格的な見た目に。

No.390 海鮮焼きうどん

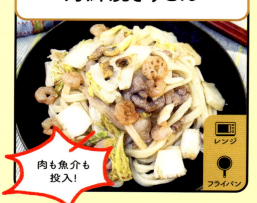

肉も魚介も投入！

【1人分】
A 鶏ガラの素・ごま油各小1、おろしにんにく・おろししょうが各小½、塩こしょう少々
1. 容器に冷凍うどん1玉を入れ、袋の表示通りにチン。
2. シーフードミックス（冷凍）100gを袋の表示通りにチンし、しっかり水気をふく。
3. ごま油小1を熱したフライパンで豚こま肉50gを焼き色がつくまで炒める。2、白菜1枚（食べやすく切る）を加えて火が通るまで炒め、1、Aを加えてからめる。

Point! 豚肉とシーフードのダブルのうまみをきかせて、味わい豊かに。

No.391 失敗なしの絶品ペペロンチーノ

ワンパンで完成!

1人分

1. フライパンにオリーブ油大2、おろしにんにく小1、赤唐辛子（輪切り）適量、ウインナー3本（斜め薄切り）を入れ、弱火で軽く炒める。
2. パスタ（7分ゆでを使用）100g、水300㎖、塩小½を加え、9分ゆでる。
3. 汁気がなくなるまで煮詰めたら、黒こしょう適量をふる。

Point! パスタ同士がくっつかないように、ときどき混ぜながら加熱して。

No.392 塩昆布とベーコンのペペロンチーノ

具材の塩気を生かして

1人分

1. フライパンに水300㎖を入れて沸かし、パスタ（7分ゆでを使用）100g、ベーコン50g（細切り）、塩小½を加え、9分ゆでる。
2. 汁気がなくなるまで煮詰めたら、バター10g、塩昆布10g、おろしにんにく小1、赤唐辛子（輪切り）適量を加えてサッと炒める。

Point! パスタをゆでるときに塩を加えることで、味が決まりやすくなる。

No.393 バター麺つゆツナペペロンチーノ

ほんのりピリ辛!

1人分

フライパンに水300㎖を入れて沸かし、パスタ（7分ゆでを使用）100g、ツナ缶1個70g、麺つゆ大2、バター10g、赤唐辛子1本を入れてふたをし、7分ゆでる。黒こしょう適量、塩少々で味を調える。

Point! フライパンに材料を入れて加熱するだけ。ツナのうまみを含むオイルごと加えて。

PART 08 かんたんパスタ&麺類

卵、明太子・パスタ（カルボナーラ、マヨ）

No.394 ワンボウルカルボナーラ

チンしてあえるだけ！

1人分

1. 容器にパスタ（7分ゆでを使用）100g（半分に折る）、水400ml、塩小1/2を入れ、ラップなしで10分チン。
2. 水気をきり、粉チーズ大1、顆粒コンソメ小1、黒こしょう適量、卵黄1個分、ハム適量（食べやすく切る）を加えてあえる。

Point! 卵黄とチーズがパスタになじみ、とろみが出るまでよくあえて。

レンジ

No.395 ベーコン明太クリームカルボナーラ

明太子の風味が最高！

1人分

1. 容器にパスタ（7分ゆでを使用）100g（半分に折る）、水150ml、バター10g、顆粒コンソメ小1/2を入れ、ラップなしで7分チン。
2. 牛乳150ml、ベーコン30g（細切り）、明太子30g（皮を取る）、ピザ用チーズ50gを加えて混ぜ、再びラップなしで4分チン。卵黄1個分を加えてよくあえる。

Point! ベーコンの代わりにツナやウインナーを使ってもOK。好みで黒こしょうやドライパセリを。

レンジ

No.396 明太マヨパスタ

明太子の塩気がgood

1人分

1. フライパンにパスタ（7分ゆでを使用）100g、水400ml、麺つゆ大2を入れ、ときどき混ぜながら9分ゆでる。
2. 汁気がなくなったら火を止め、明太子30g（皮を取る）、バター10g、マヨ大1を加えてよくからめる。
3. 刻みのり・刻みねぎ各適量を散らす。

Point! 好みで明太子を好きなだけトッピングして。

フライパン

No.397 とまちークリームパスタ

ほのかな酸味をプラス！

1人分

1. 容器にパスタ（7分ゆでを使用）100g（半分に折る）、ベーコン50g（細切り）、水200mℓ、ケチャップ大2、おろしにんにく・顆粒コンソメ各小1を入れ、ラップなしで8分チン。
2. 牛乳50mℓ、ピザ用チーズ50gを加えて混ぜ、バター10gをのせ、再びラップなしで3分チン。黒こしょう適量をふる。

Point! 液体は突沸の恐れがあるため、ラップはしなくてOK。好みでドライパセリをかけて。

レンジ

No.398 ワンパン チーズクリームパスタ

クリーミーで濃厚！

1人分

1. フライパンにパスタ（7分ゆでを使用）100g、水300mℓ、顆粒コンソメ小1を入れ、ふたをして5分ゆでる。
2. ウインナー2本（斜め薄切り）、バター10g、おろしにんにく小1/2を加え、汁気がなくなるまで炒め煮にする。
3. ウインナーに火が通ったら弱火にし、牛乳50mℓ、ピザ用チーズ1つかみを加えてからめる。

Point! 牛乳とチーズを加えるときは火を弱めてゆっくりなじませて。ドライパセリをかけても。

フライパン

No.399 鮭と明太子の クリームパスタ

塩気が絶妙なバランス

1人分

A 水・牛乳各150mℓ、小麦粉・オリーブ油各大1、顆粒コンソメ小1

1. Aを混ぜ合わせる。
2. 容器にパスタ（7分ゆでを使用）100g（半分に折る）、鮭1切れ（皮を取ってほぐす）、バター20g、塩1つまみ、1を入れて混ぜ、ラップなしで7分チン。取り出して混ぜ、再びラップなしで3分チン。
3. 明太子30g（皮を取る）を加えて混ぜ、黒こしょう・粉チーズ各適量をかける。

Point! 好みでパセリを添えて。

レンジ

加工肉、鮭・パスタ（クリーム）

PART 08 かんたんパスタ&麺類

野菜、加工肉、ツナ・パスタ(和風)

No.400 トマトと青じその和風パスタ

醤油ベースのシンプル味

1人分

1. フライパンにパスタ(7分ゆでを使用)100g、ミニトマト3個(ヘタを取って半分に切る)、水400㎖、オリーブ油大1、醤油小2を入れ、ふたをして7分ゆでる。
2. 焼きのり3枚(小さめにちぎる)を混ぜ、塩こしょう少々で味を調える。青じそ2枚(細切り)を散らす。

Point! ゆでたミニトマトがほどよくつぶれてソースになり、パスタになじむ。好みで黒こしょうをふっても。

フライパン

No.401 ズボラ和風パスタ

みんな大好きバター醤油味

1人分

A 水300㎖、バター10g、鶏ガラの素小1、醤油・砂糖各小1/2

1. 深めの容器にパスタ(7分ゆでを使用)100g(半分に折る)、ウインナー2本(斜め切り)、Aを入れ、ラップをして10分チン。
2. 黒こしょう・刻みねぎ各適量を加え、よくからめる。

Point! 耐熱の皿を使えば盛りつける手間と洗い物が減らせる。

レンジ

No.402 ツナと塩昆布の和風パスタ

ツナと塩昆布のうまみで

1人分

1. フライパンに水400㎖を沸かし、パスタ(7分ゆでを使用)100g、塩小1/2を入れて混ぜ、9分ゆでる。
2. 汁気がなくなってきたらバター10g、ツナ缶1個70g、塩昆布10g、おろしにんにく小1、刻みねぎ適量を加えてよくからめる。

Point! うまみが凝縮したツナ缶のオイルは捨てずに加えて。好みで刻みのりを散らしても。

フライパン

No.403 市販のハンバーグで超簡単ボロネーゼ

簡単なのに本格的な味！

1人分

1. フライパンにパスタ（7分ゆでを使用）100g、ハンバーグ（市販、デミグラス味）100g、水300㎖、顆粒コンソメ小1を入れ、ふたをして8分ゆでる。ときどきハンバーグの上下を返す。
2. おろしにんにく小1、ピザ用チーズ1つかみを加え、ハンバーグをほぐしながら2分混ぜる。

Point! 好みでドライパセリをふって。

No.404 ワンパン トマトボロネーゼ

材料を一気にイン！

1人分

1. フライパンにパスタ（7分ゆでを使用）100g、合いびき肉80g、にんにく1片（みじん切り）、ホールトマト缶½個200g、水400㎖、オリーブ油大1、顆粒コンソメ小1を入れ、10分ゆでる。
2. 塩こしょう少々で味を調え、粉チーズ適量をふる。

Point! パスタやひき肉をほぐすように混ぜながら加熱して。ドライパセリをかけても。

No.405 レンジで簡単 ねぎ塩豚ラーメン

至福の一杯！

1人分

A 水300㎖、鶏ガラの素大1、おろしにんにく・おろししょうが・塩各小1

1. 容器に**A**を入れて混ぜ、中華蒸し麺1玉、豚バラ薄切り肉100g（一口大に切る）を加え、ラップをして6分チン。
2. ごま油・ラー油各適量を回しかけ、黒こしょう・刻みねぎ各適量をのせる。

Point! 耐熱の丼を使えば盛りつけいらず。肉はなるべく重ならないように並べて。

ひき肉、豚肉・パスタ（ボロネーゼ）、ラーメン

PART 08 かんたんパスタ&麺類

卵、ねぎ・ラーメン、つけ麺

No.406 中華麺で絶品醤油ラーメン

お金をかけずにお店の味

1人分

A | 水300㎖、醤油大1、鶏ガラの素・おろしにんにく・オイスターソース各小1

1. 鍋に **A** を入れて混ぜ、火にかける。煮立ったら**中華蒸し麺1玉**を加え、袋の表示通りにゆでる。
2. 火を止め、ごま油適量を加えて混ぜ、**刻みねぎ・焼きのり各適量、ゆで卵1個（半分に切る）**をのせる。

Point! ごま油は仕上げに加えることで風味づけになる。好みで白ごまをふって。

🍲 鍋

No.407 中華麺で簡単塩ラーメン

あっさり味がほしいときに

1人分

1. 鍋に**水400㎖、鶏ガラの素小1、塩小1/2**を入れて混ぜ、火にかける。煮立ったら**中華蒸し麺1玉**を加え、袋の表示通りにゆでる。
2. 火を止め、**おろしにんにく小1**、ごま油適量を加えて混ぜ、**刻みねぎ・焼きのり各適量**をのせる。

Point! トッピングにコーン、もやし、バターなどもおすすめ。好みで黒こしょうをふって。

🍲 鍋

No.408 サッポロ一番で簡単冷やしつけ麺

袋麺をさっぱりアレンジ

1人分

1. 鍋に湯を沸かし、**サッポロ一番 塩らーめん1袋**の麺を袋の表示通りにゆで、水気をきって器に盛る。
2. 容器に**水150㎖、付属の粉末スープ1/2袋、ごま油小1、酢小1/2**を入れて混ぜ合わせ、ラップなしで20秒チン。粗熱が取れたら氷適量を加え、白ごま適量をふる。**1** をつけて食べる。

Point! 好みで麺に刻みねぎやゆで卵をトッピングし、黒こしょうをふって。

🍲 鍋　📺 レンジ

No.409 サッポロ一番で汁なし塩バターラーメン

バターがぴったりな味

1人分

1. 鍋に湯200mlを沸かし、ウインナー2本（斜め切り）、サッポロ一番 塩らーめん1袋の麺を加え、3分ほどゆでる。
2. 汁気がなくなったら、バター10g、おろしにんにく小1、付属の粉末スープ1/2袋を加えて混ぜ、卵1個を割り入れ、黒こしょう適量をふってよくからめる。

Point! 汁気がなくなるまでゆでながら、麺にウインナーのうまみを吸わせる。

鍋

No.410 ウインナーとチーズの汁なしチキンラーメン

インスタント麺を洋風に

1人分

1. 鍋に規定量の湯を沸かし、チキンラーメン1袋を袋の表示通りにゆで、麺とスープを分けておく。
2. バター10gを溶かしたフライパンでウインナー4〜5本（輪切り）を焼き色がつくまで炒める。
3. 弱火にしてピザ用チーズ50gを加え、溶けてきたら1の麺にのせ、黒こしょう適量をふる。

Point! 好みでドライパセリをかけて。取り分けたスープは、汁ものとして添えるとgood。

鍋 / フライパン

No.411 どん兵衛で絶品ずぼら油そば

汁なし麺で楽しむ

1人分

1. 日清のどん兵衛（きつねうどん）1個の粉末スープとお揚げを取り出し、お揚げは小さめに切る。
2. 1のカップにお揚げを入れて規定量の湯を注ぎ、5分おいて湯をきる。
3. ごま油小2、おろしにんにく小1、粉末スープ1/2袋を加えて混ぜる。卵黄1個分をのせ、ラー油・白ごま・刻みねぎ各適量をかける。

Point! 「日清のどん兵衛」は好きな種類でどうぞ。

ウインナー、卵・汁なし麺

177

PART 08 かんたんパスタ&麺類

豚肉・焼きそば

No.412 王道絶品焼きそば

野菜もとれる!

1人分

1. 油小1を熱したフライパンで**豚バラ薄切り肉100g(一口大に切る)**を軽く炒め、**キャベツ1枚(食べやすくちぎる)、玉ねぎ¼個(薄切り)、もやし⅓袋**を加えて火が通るまで炒める。
2. **焼きそば麺1玉、ウスターソース・麺つゆ各大1、おろしにんにく小½**を加えてからめ、塩こしょう少々で味を調える。**青のり・かつお節各適量**をかける。

Point! ウスターソースに麺つゆを合わせることで、和風の味わいに。

フライパン

No.413 豚バラ塩焼きそば

焼き色がついた肉が美味!

1人分

A 鶏ガラの素小1、おろししょうが・おろしにんにく各小½、塩小⅓、黒こしょう適量

1. 油小1を熱したフライパンで**豚バラ薄切り肉100g(一口大に切る)**を焼き色がつくまで炒める。**キャベツ2枚(食べやすくちぎる)、焼きそば麺1玉**を加え、火が通るまで炒める。
2. **A**を加えてからめ、**刻みねぎ適量**をのせる。

Point! 肉は調理バサミで切るとラク。キャベツはサッと炒めて食感を残すと◎。

フライパン

No.414 キムチ焼きそば

卵黄でまろやかに

1人分

1. ごま油小1を熱したフライパンで**豚バラ薄切り肉100g(一口大に切る)**を焼き色がつくまで炒め、**焼きそば麺1玉**を加えて炒め合わせる。
2. **キムチ80g、コチュジャン小2、麺つゆ小1、おろしにんにく小½**を加えてからめ、**卵黄1個分**をのせる。

Point! キムチは加熱しなくても食べられるので、加えたらサッと炒める程度でOK。

フライパン

No.415 うま辛つけそうめん

そうめんで超絶おいしい！

1人分

A 水300㎖、醤油・コチュジャン・豆板醤各大1、砂糖小2、鶏ガラの素小1

① 容器に**A**を入れて混ぜ、ラップなしで2分チン。

② 鍋にたっぷりの湯を沸かしてそうめん1束80gを袋の表示通りにゆで、冷水で冷やして水気をきり、器に盛る。

③ **1**にごま油・白すりごま各適量を加え、刻みねぎ適量をのせる。

Point! ゆでたそうめんは冷やすことで、余熱で火が入るのを防ぎ、コシをキープ。

No.416 ねぎだくそうめん

箸が止まらない！

1人分

① 器に長ねぎ適量（みじん切り）、水200㎖、鶏ガラの素・ごま油各大1、塩1つまみを入れて混ぜ、氷適量を加える。

② 鍋にたっぷりの湯を沸かしてそうめん1束80gを袋の表示通りにゆで、冷水で冷やして水気をきる。

③ **1**に**2**を入れ、黒こしょう適量をかける。

Point! 長ねぎはたっぷり加えて。スープは氷で冷やして食べるのがおすすめ。

No.417 冷やしうま辛ごまだれそうめん

市販のごまだれで深みを

1人分

A 水100㎖、麺つゆ・ごまだれ（市販）各大1½、白すりごま大1、おろしにんにく小1

① **A**を混ぜ合わせ、氷適量を加えて冷やしておく。

② 鍋にたっぷりの湯を沸かしてそうめん1束80gを袋の表示通りにゆで、冷水で冷やして水気をきり、器に盛る。

③ **2**に**1**をかけ、ごま油・ラー油各適量を回し入れる。刻みねぎ・煮卵（市販）各適量をのせる。

Point! 煮卵はコンビニなどでも購入できる。好みで白すりごまを追加でかけても。

PART 08 かんたんパスタ&麺類

レモン、豚肉、生ハム・そうめん

No.418 塩だしレモンそうめん

さっぱりさわやか!

1人分

- **A** 水200ml、鶏ガラの素小2、ごま油・おろしにんにく・レモン汁各小1、塩小1/2

1. 鍋にたっぷりの湯を沸かしてそうめん1束80gを袋の表示通りにゆで、冷水で冷やして水気をきる。
2. 器に**A**を入れて混ぜ合わせ、1を加える。黒こしょう・刻みねぎ各適量をかけ、レモン(輪切り)2枚をのせる。

Point! 味が薄まらないように、そうめんは冷やしたあとしっかり水気をきって。

No.419 ラー油冷しゃぶそうめん

好みでラー油を増やしても

1人分

- **A** 湯80ml、麺つゆ大2、ごま油・ラー油各小1、鶏ガラの素小1/2

1. 鍋にたっぷりの湯を沸かしてそうめん1束80g、豚バラ薄切り肉80g(一口大に切る)を入れてゆでる。そうめんは冷水で冷やして水気をきる。
2. 器に**A**を入れて混ぜ合わせ、氷適量を加えて冷やし、1を加える。白ごま・刻みねぎ各適量をかける。

Point! そうめんのゆで時間は袋の表示通りに。豚肉を一緒の湯でゆでれば時短になる。

No.420 生ハムユッケ風そうめん

そうめんがごちそうに

1人分

1. 鍋にたっぷりの湯を沸かしてそうめん1束80gを袋の表示通りにゆで、冷水で冷やして水気をきる。麺つゆ小2、コチュジャン小1を加え、混ぜ合わせ、器に盛る。
2. 生ハム20g、きゅうり1/4本(細切り)、ごま油小1、おろしにんにく・おろししょうが各小1/2を混ぜ合わせる。
3. 1に2をのせ、卵黄1個分をのせ、白ごま適量をふる。

Point! そうめんと具材のそれぞれに味をつけておくと飽きずに楽しめる。

万能食材、卵をおいしく調理！

卵黄の分け方、ゆで卵や目玉焼きの作り方など、卵調理の基本をまとめました。

column 超ビギナーさんの自炊テク 09

No.421 卵黄と卵白を簡単に分けるコツ

方法はいろいろありますが、スプーンですくうのが一番簡単。容器などに卵を割り入れ、卵黄をスプーンですくい取るだけ。計量スプーンの大さじなど口が広いタイプがおすすめです。

卵黄がつぶれないようやさしくすくい取って

No.422 卵のレンジ加熱は破裂に注意！

卵黄には膜があるため、レンジで加熱すると破裂する恐れがあります。加熱前に爪楊枝で卵黄を3～4か所刺して穴をあけましょう。膜に蒸気の逃げ道ができ、破裂防止に。

卵黄が流れ出ないよう刺しすぎに注意！

No.423 ゆで卵を好みのかたさに作るには？

かたさの好みが分かれるゆで卵。自分好みに作るために、基本の作り方とゆで時間の目安を覚えておきましょう。

基本の作り方
鍋にたっぷりの湯を沸かし、冷蔵庫から出したばかりの卵を1個ずつお玉にのせてゆっくりと湯に沈め、下記の時間を参考にゆでる。

かたゆで
ゆで時間
10分

半熟
ゆで時間
6分半

No.424 失敗しない目玉焼きの作り方

目玉焼きは弱火で加熱すると失敗しません。フライパンが温まったら油小2を入れ、卵をやさしく割り落としてふたをします。5分加熱で半熟目玉焼きに。かためがよければ、水小1を加えてふたをし、さらに3分加熱して。

弱火でじっくり加熱！

おいしい味噌汁さえあれば！

「だし」と「味噌」のポイントをおさえれば、初心者でもおいしい味噌汁が作れます。

column 超ビギナーさんの自炊テク 10

No.425
だしは顆粒やパックがラクちん！

味噌汁を作るときに欠かせないだし。イチからだしを取るのは面倒だから、顆粒の和風だしやだしパックを利用するのがおすすめ。加えるだけで簡単にだし汁が作れます。

だしパックも便利！

No.426
味噌は火を止めて加える

味噌は加熱しすぎると風味が失われてしまいます。具材に火が通るまで煮たら、火を止めてから味噌を溶き入れます。温めたい場合は、そのあと弱火にかけ、煮立たせないように加熱して。

煮立たせずに味噌の風味をキープ！

食材の保存あれこれ 肉・魚編

肉や魚は冷凍保存すれば、長持ちしておいしさをキープ！ 小分けにすると使い勝手が◎。

column 超ビギナーさんの自炊テク 11

No.427 薄切り肉

ラップを広げ、薄切り肉をなるべく重ならないように並べてぴっちりと包みます。保存袋に入れて冷凍室へ。重ならないようにすることで凍りやすく、解凍もスムーズに。

小分けにしてラップで包む

No.428 ひき肉

ひき肉は傷みやすいため、早めに冷凍して。水分（ドリップ）が出ていたらペーパータオルでしっかりふき、小分けにしてラップでぴっちりと包み、保存袋に入れて冷凍室へ。

なるべく平らにして冷凍

No.429 魚の切り身

表面の水分（ドリップ）をペーパータオルでしっかりふきます。1切れずつラップでぴっちりと包み、保存袋に入れて冷凍保存を。

空気が入らないように包んで

＊冷凍したものは1か月を目安に使い切るようにしましょう。

No.430 冷凍した肉・魚の解凍方法

たっぷりのぬるま湯に冷凍食材を保存袋のまま浸け、5～10分おけばOK。解凍できていなければ、一度湯を捨てて同様にくり返しましょう。

雑菌繁殖のリスクを避けるため解凍後はすぐに加熱調理を

※時間があるときは冷蔵室に移して自然解凍すると肉の品質がキープできておすすめ。常温での自然解凍は菌が繁殖しやすく、電子レンジ解凍は加熱ムラができやすいのが難点。

PART

09

味噌汁から
具だくさんのおかずまで!

煮るだけスープ

鍋やフライパンに材料を入れて火にかけたら、
煮えるまでほったらかしにできるからラク。
朝食や夕食に活躍するサブスープのほか、
カレースープや鍋風など、
メインおかずになるスープも充実!

No.431 手羽元スープカレー

手羽元から出たうまみを味わう

1～2人分

① 容器にじゃがいも1個、にんじん½本（ともに乱切り）を入れ、ラップをして5分チン。

② 油小1を熱した鍋に手羽元4本を入れて炒め、焼き色がついたら1、アスパラガス2本（3cm幅に切る）を加えて炒める。

③ 水300mlを加え、煮立ったら火を止め、カレー粉小1、カレールウ1½片40gを加え、再び火にかけて溶かし混ぜる。

Point! 根菜はレンチンして煮る時間を短縮。手羽元は焼き色をつけて。イタリアンパセリを添えても。

No.432 シーフードカレースープ

コトコト煮込んで

1人分

① フライパンに水200ml、カレー粉小2、砂糖小½、にんにく2片（薄切り）を入れて火にかけ、煮立ったらタラ1切れ、シーフードミックス（冷凍）100g、玉ねぎ¼個（薄切り）を加えて煮る。

② 火が通ったら火を止め、カレールウ1片、ホールトマト缶¼個100gを加え、ルウを溶かしながら弱火で8分煮る。

Point! トマトを軽くつぶしながら煮る。生クリーム、ちぎったパセリをかけても。

手羽元、魚介・カレー

PART 09 煮るだけスープ

野菜、えび・トマト

No.433 なすとオクラのミネストローネ

やさしいとろみ♪

1〜2人分

1. 油小1を熱した鍋で**ウインナー2本**(斜め切り)、**なす½本**(1cm角に切る)、**オクラ2〜3本**(小口切り)を炒める。
2. **水300mℓ**、**ホールトマト缶¼個100g**、**顆粒コンソメ小1**を加え、火が通るまで煮る。

Point! ウインナーやなすに軽く焼き色をつけて。好みでちぎったパセリや粉チーズをかけても。

No.434 カット野菜でできるミネストローネ

酸味と甘みが好バランス

1人分

1. オリーブ油小1を熱した鍋で**ウインナー3本**(1cm幅に切る)を炒める。
2. **水300mℓ**、**カットトマト缶¼個100g**、**顆粒コンソメ小2**、**おろしにんにく・おろししょうが各小½**を加え、煮立ったら**カットキャベツ(市販)1袋100g**を加え、火が通るまで煮る。

Point! キャベツがしんなりするまで煮て。好みで黒こしょうやパセリのみじん切りを。

No.435 むきえびの簡単トマトスープ

包丁不要でラクちん

1人分

鍋に**水200mℓ**、**カットトマト缶¼個100g**、**顆粒だし小1**、**麺つゆ小2**、**塩小⅓**を入れて火にかける。**冷凍むきえび100g**を加え、火が通るまで煮る。

Point! えびは解凍せず、冷凍のままでOK。好みでパセリのみじん切りを散らして。

No.436 たっぷりチーズのトマト卵スープ

ふわとろ食感！

1人分

1. 鍋に水300ml、ホールトマト缶½個200g、顆粒コンソメ小1、砂糖小½を入れ、火にかける。
2. 煮立ったら溶き卵1個分を回し入れ、オリーブ油小1、ピザ用チーズ1つかみを加えて混ぜる。

Point! チーズが溶けたら完成。パセリのみじん切りを散らしても。

鍋

No.437 ベーコンとほうれん草のトマトスープ

バターでコク増し

1人分

1. フライパンにバター10gを入れて溶かし、ベーコン50g、ほうれん草¼束50g（ともに2cm幅に切る）を炒める。
2. 水200ml、ホールトマト缶¼個100g、顆粒コンソメ小1を加え、火が通るまで煮る。

Point! トマトをつぶしながら煮る。好みで生クリームをかけてパセリのみじん切りを散らして。

フライパン

No.438 ウインナーとほうれん草のマカロニスープ

ブランチにもおすすめ

1人分

鍋に水300mlを入れて沸かし、ウインナー1本（食べやすく切る）、マカロニ（3分ゆでを使用）50g、顆粒コンソメ・ケチャップ各小1を加え、3分ゆでる。ほうれん草¼束50g（2cm幅に切る）を加えてサッと煮る。

Point! ウインナーは調理バサミで切るとラク。マカロニがくっつかないようときどき混ぜて。

鍋

卵、ほうれん草・トマト、マカロニ

PART 09 煮るだけスープ

No.439 鶏キャベ炒めスープ

胃にやさしい♡

1〜2人分

A 水400㎖、鶏ガラの素・白だし各小2、おろしにんにく・おろししょうがが各小1、塩小½

1. ごま油小1を熱したフライパンで鶏もも肉1枚（一口大に切る）を炒める。
2. キャベツ¼個（せん切り）を加え、しんなりしたらAを加え、火が通るまで煮る。

Point! 鶏肉は軽く焼き色をつけるとおいしい。黒こしょうをふっても。

（フライパン）

No.440 鶏ももとねぎの炒めスープ

ねぎが香ばしくて甘〜い

1〜2人分

1. ごま油小1を熱したフライパンで鶏もも肉1枚（一口大に切る）を炒める。
2. 長ねぎ½本（小口切り）、塩1つまみを加えて炒め、水400㎖、鶏ガラの素小2、白だし小1を加え、火が通るまで煮る。

Point! 長ねぎはしっかり炒めると甘みが出る。好みで刻みねぎ、黒こしょうを。

（フライパン）

No.441 鶏と白菜のうまだしスープ

しょうがをきかせて

1人分

1. ごま油小1を熱したフライパンで鶏もも肉1枚（一口大に切る）を炒め、白菜1〜2枚（食べやすく切る）を加える。
2. 白菜がしんなりしたら水450㎖、白だし大1、鶏ガラの素小2、おろししょうが小1を加え、火が通るまで煮る。

Point! 黒こしょうをふっても美味。鶏むね肉で作ってもOK。

（フライパン）

鶏もも肉・鶏だし

No.442 鶏レタスごまスープ

レタスの食感が good

1人分

A 水300mℓ、鶏ガラの素・みりん各小2、白だし・醤油各小1

鍋にAを入れて火にかけ、温まったら鶏もも肉1枚（一口大に切る）を加え、火が通ったら火を止め、レタス2〜3枚（食べやすくちぎる）、ごま油・ラー油各小1を加えてサッと煮る。

Point! レタスは最後に軽く煮て、食感を残して。好みで白ごまや黒こしょうをふっても。

鍋

No.443 鶏大根の甘辛スープ

大根が しみしみ〜♪

1〜2人分

A 水300mℓ、醤油・みりん各大1、白だし・鶏ガラの素各小1

① 鍋にAを入れて火にかけ、沸騰したら鶏もも肉1枚（一口大に切る）を加え、火が通るまで煮る。

② 大根50g（薄いいちょう切り）、コチュジャン小2、おろしにんにく小1を加えて大根に火が通るまで煮る。

Point! 大根は薄く切ると短時間で味がしみる。白ごまや黒こしょうをふっても。

鍋

No.444 鶏とごぼうのうま塩スープ

ごぼうの風味が 広がる!

1人分

① ごま油小1を熱したフライパンで鶏もも肉1/2枚（一口大に切る）を炒め、焼き色がついたらごぼう50g（薄切り）を加えてしんなりするまで炒める。

② 水300mℓを加え、煮立ったらおろししょうが・鶏ガラの素各小1/2、塩小1/3を加え、黒こしょう適量をふる。

Point! 鶏肉は焼き色をつけるとコクと香りが増す。刻みねぎをのせても。

フライパン

鶏もも肉・鶏だし

PART 09 煮るだけスープ

鶏ささみ、鶏ひき肉、鶏むね肉・鶏だし、洋風

No.445 きのことささみのヘルシースープ

きのこの滋味が凝縮

1人分

① 鶏ささみ2本（筋を除いてそぎ切り）に塩こしょう少々、片栗粉小½をまぶす。

② 鍋に水300㎖、鶏ガラの素小2、醤油・みりん各小½を入れて火かけ、煮立ったら、1、しめじ50g、まいたけ50g（ともにほぐす）を加えて煮る。火が通ったらごま油小1を回しかける。

Point! 鶏ささみに片栗粉をまぶすとふっくらする。好みで白ごまや黒こしょう、刻みねぎを。

No.446 白菜と鶏団子のうまだしスープ

食欲がなくてもするっといける

1人分

① 鍋に水300㎖、醤油大1、鶏ガラの素小1、おろししょうが小½を入れて火にかけ、煮立ったら鶏ひき肉150g（一口大に丸める）、白菜100g（食べやすくちぎる）を加えて煮る。

② 火が通ったら、ごま油小1を回しかける。

Point! ひき肉はスプーンで丸めて落とし入れるとラク。白ごまをふっても。

No.447 鶏むねの肉じゃが風スープ

寒い季節の体温めスープ

1〜2人分

① 容器にじゃがいも2個、にんじん1本（ともに食べやすく切る）を入れて水大1をふり、ラップをして4分チン。

② オリーブ油小1を熱した鍋で鶏むね肉1枚（一口大に切る）、1を入れて炒め、水300㎖を加える。沸騰したら、顆粒コンソメ大1、おろしにんにく小½を加えて煮る。

Point! じゃがいもとにんじんはレンチンしておくと時短に。好みで黒こしょうやドライパセリを。

No.448 手羽ニラ白湯スープ

うまみ濃厚、スタミナ満点

1人分

A 水300mℓ、酒大1、鶏ガラの素小1、塩小½、黒こしょう適量

1. 油小1を熱した鍋で**手羽先4本（関節を切る）**を炒める。
2. **A**を加え、火が通ったら**ニラ¼束（3cm幅に切る）**、おろししょうが小½を加えてサッと煮る。

Point! 手羽先を切るときは調理バサミを使うとラク。軟骨と軟骨の間にハサミを入れ、切り離す。

No.449 手羽先カムジャタン

手軽に本場の味を再現

1人分

1. ごま油大1を熱した鍋に**手羽先4本、にんにく5片**、塩こしょう適量を入れて炒める。**じゃがいも2個、にんじん½本（ともに乱切り）**を加えて炒め、**水300mℓ、コチュジャン・味噌・砂糖各大1**を加えて煮る。
2. 火が通ったら**ニラ¼束（3cm幅に切る）**を加えてサッと煮る。

Point! 手羽先は皮目から焼き、にんにくとともに焼き色をつける。白すりごまや赤唐辛子を加えても。

No.450 手羽元ピリ辛スープ

うま辛にハマる!

1人分

A 水300mℓ、醤油小2、みりん小1、砂糖・おろしにんにく各小½

1. 鍋に**A**を入れて火にかけ、**手羽元4本**を加えて煮る。
2. 火が通ったら**コチュジャン大1、ごま油小1**を加えて混ぜる。

Point! コチュジャンとごま油は最後に加えて風味よく仕上げる。好みで白ごまや刻みねぎを。

手羽先、手羽元・鶏だし、ピリ辛

PART 09 煮るだけスープ

豚こま肉・和風、とんこつ風

No.451 豚こまレタスの炒めスープ

ご飯を加えてクッパにも◎

フライパン

1人分

A | 水400㎖、麺つゆ大1、鶏ガラの素小2、おろしにんにく・おろししょうが各小1

油小1を熱したフライパンで豚こま肉200gを炒める。**A**を加え、煮立ったらレタス2〜3枚（食べやすくちぎる）を加え、ごま油小1を回しかけてサッと煮る。

Point! レタスはちぎると味がよくなじむ。好みで白ごまをかけて。

No.452 肉じゃがスープ

Wで使うだしが決め手

レンジ / 鍋

1人分

① 容器にじゃがいも1個、にんじん½本（ともに乱切り）を入れ、ラップをして5分チン。

② 油小1を熱した鍋で豚こま肉100g、玉ねぎ¼個（薄切り）、①を炒める。火が通ったら水300㎖、白だし小2、顆粒だし小½を加え、ひと煮立ちするまで煮る。

Point! じゃがいもとにんじんはレンチンして炒め時間を短縮。好みで刻みねぎや黒こしょうを。

No.453 とんこつ風極うまスープ

麺を加えたくなる！

鍋

1人分

A | 牛乳大2、醤油小2、味噌・鶏ガラの素各小1、おろしにんにく・おろししょうが各小½

① ごま油小1を熱した鍋で豚こま肉150gを炒める。もやし½袋100g、長ねぎ½本（斜め薄切り）を加えて炒め、水300㎖を加える。

② 煮立ったら**A**を加え、火が通るまで弱火で煮る。

Point! 具材を軽く炒めたら水を加えて沸騰させる。好みで黒こしょう、白ごま、煮卵を。

No.454 簡単担々スープ

コクがあってミルキー♪

【1人分】
1. 油小1を熱したフライパンに豚こま肉150g、玉ねぎ1/4個（薄切り）、おろしにんにく・おろししょうが各小1を入れて炒める。
2. 水300㎖、牛乳100㎖、味噌・鶏ガラの素各小2を加え、火が通るまで弱火で煮る。
3. 黒こしょう・白ごま・ラー油各適量をかける。

Point! 牛乳は沸騰すると分離するので弱火でゆっくり煮て。

フライパン

No.455 簡単豚こまユッケジャン風スープ

焼き肉屋の味を手軽に♪

【1人分】
A｜水300㎖、コチュジャン・鶏ガラの素各小2、砂糖・醤油・みりん各小1
1. 豚こま肉150gに焼き肉のたれ小1をからめる。
2. ごま油小1を熱した鍋で1を炒め、Aを加えて煮る。火が通ったらニラ1/4束（3cm幅に切る）を加え、溶き卵1個分を流し入れる。

Point! ニラは調理バサミで切ると直接鍋に加えられてラク。白ごまをふっても。

鍋

No.456 豚とキャベツのごまうまスープ

ごまの風味が美味!

【1人分】
A｜水400㎖、醤油大2、みりん大1、鶏ガラの素・おろしにんにく・おろししょうが各小1
1. 油小1を熱したフライパンで豚バラ薄切り肉200g（一口大に切る）を炒める。キャベツ1/4個（せん切り）を加え、火が通ったらAを加える。
2. 煮立ったら、白ごま適量を加え、ごま油小1を回しかける。

Point! キャベツのせん切りは太めでOK。好みで刻みねぎをかけても。

フライパン

豚こま肉、豚バラ肉・ピリ辛、ごま

PART **09** 煮るだけスープ

豚バラ肉・鍋

No.457 豚肉しょうが鍋スープ

シンプルは正義！

1人分

A 水450ml、白だし大2、みりん大1、おろししょうが小1½、顆粒だし小1

フライパンに**A**を入れて火にかけ、煮立ったら**豚バラ薄切り肉100g**（一口大に切る）、**キャベツ2〜3枚**（せん切り）を加え、火が通るまで煮る。

Point! 豚バラ肉とせん切りキャベツを一緒に食べて。白ごまや刻みねぎをふっても。

フライパン

No.458 豚バラ もつ鍋風スープ

にんにくが決め手！

1人分

A 水300ml、鶏ガラの素大1、砂糖・味噌各小1、醤油小½

1. ごま油小1を熱したフライパンで**豚バラ薄切り肉150g**（食べやすく切る）を炒める。

2. 焼き色がついたら**A**を加え、**ニラ¼束**（3cm幅に切る）、**もやし½袋100g**、**にんにく1片**（薄切り）を加え、火が通るまで煮る。

Point! 豚肉とニラは調理バサミで切るとラクちん。七味唐辛子をふってもおいしい。

フライパン

No.459 豚バラ スンドゥブ鍋スープ

豆腐を崩しながらどうぞ

1人分

1. 鍋に水400ml、**キムチ100g**、**絹ごし豆腐1丁300g**（食べやすく切る）、鶏ガラの素小2、酒小½を入れて火にかける。

2. 温まったら味噌小2、おろしにんにく小1、**豚バラ薄切り肉150g**（一口大に切る）、溶き卵1個分を加え、火が通るまで煮る。

Point! 卵は好きなかたさになるまで火を通す。刻みねぎをのせても。

鍋

No.460 豚バラキムチーズスープ

チーズが溶けたら完成！

1人分

1. ごま油小1を熱したフライパンで豚バラ薄切り肉150g（一口大に切る）を炒め、水400㎖、キムチ100g、鶏ガラの素小2、おろしにんにく小1を加えて煮る。
2. 火が通ったらピザ用チーズ2つかみを加え、黒こしょう適量をふる。

Point! 肉の色が変わるまで炒めたら水を加えて。刻みねぎをのせても。

フライパン

No.461 豚キムチスープ

豚とキムチは相性抜群！

1人分

1. ごま油小1を熱した鍋で豚バラ薄切り肉100g（食べやすく切る）を炒める。
2. 軽く焼き色がついたら、水300㎖、もやし½袋100g、キムチ60g、麺つゆ小2、鶏ガラの素小1を加えて煮る。火が通ったらごま油小1を回しかける。

Point! 肉に火が通ればOK。もやしはほどよく食感を残して。好みで黒こしょうや刻みねぎを。

鍋

No.462 シーフードミックスで簡単キムチチゲ

あとを引くうまみ

1人分

1. 鍋に水300㎖、キムチ100g、豆腐½丁150g（食べやすく切る）、シーフードミックス（冷凍）100g、麺つゆ小2、鶏ガラの素・おろしにんにく各小½を入れ、火にかける。
2. 火が通るまで煮たら、ニラ¼束（3㎝幅に切る）、ごま油大1を加えてサッと煮る。

Point! ニラはすぐに火が通るので、仕上げに加えて食感よく。

鍋

豚バラ肉、シーフードミックス・キムチ

PART 09 煮るだけスープ

鮭、野菜・ミルク

No.463 鮭とほうれん草の豆乳スープ

やさしくまろやか

1人分

1. 鍋に水200㎖、玉ねぎ¼個(薄切り)、味噌小2、鶏ガラの素小1、塩小¼を入れ、火にかける。
2. 煮立ったら豆乳(調製)200㎖を加え、温まったら鮭(骨抜き)2切れ、ほうれん草¼束50g(食べやすく切る)を加え、火が通るまで煮る。

Point! 分離するので豆乳は沸騰させないように注意。好みで黒こしょうやドライパセリを。

鍋

No.464 味噌ミルクスープ

心も温まる

1人分

1. 油小1を熱したフライパンでウインナー2本、じゃがいも1個、にんじん½本(すべて乱切り)、玉ねぎ¼個(薄切り)を炒める。
2. 水200㎖、顆粒だし小1を加え、煮立ったら味噌小2を溶かし混ぜ、弱火にして牛乳100㎖を加え、火が通るまで煮る。

Point! 野菜がしんなりするまで炒めたら水を加える。牛乳を加えるときは噴きこぼれないよう弱火に。

フライパン

No.465 きのことブロッコリーのバターミルクスープ

じんわりしみる和み系

1人分

1. バター10gを溶かしたフライパンにまいたけ50g、しめじ50g(ともにほぐす)、エリンギ50g(薄切り)、ブロッコリー80g(小房に分ける)を入れ、炒める。
2. 水150㎖を加え、煮立ったら顆粒コンソメ小1を加え、牛乳150㎖を加えて煮る。塩こしょう適量で調味する。

Point! 牛乳を加えたら沸騰させないように注意。ドライパセリをかけても。

フライパン

196

No.466 ジャーマンポテトスープ

おつまみスープ

1〜2人分

① オリーブ油大1を熱した鍋にウインナー5本（斜め切り）、じゃがいも3個（一口大に切る）、おろしにんにく小1を入れて炒める。

② 水400㎖、顆粒コンソメ小1を加え、火が通るまで煮る。

Point! 煮る前に炒めてにんにくの風味をつけて。黒こしょう、ドライパセリをかけても。

No.467 ベーコンポテトコンソメスープ

じゃがいもホクホク！

1人分

① 鍋に水400㎖、じゃがいも2個（一口大に切る）を入れて火にかけ、7分ゆでる。

② 玉ねぎ½個（みじん切り）、ベーコン80g（短冊切り）、顆粒コンソメ小2、おろししょうが小1を加え、3分煮る。

Point! ベーコンからもうまみが出る。好みで黒こしょう、ドライパセリを。

No.468 ベーコンとほうれん草の春雨スープ

うまみを吸った春雨が絶妙

1人分

① 鍋に水300㎖、ベーコン30g（食べやすく切る）、ほうれん草¼束50g（3㎝幅に切る）を入れて火にかける。

② 煮立ったら春雨（乾燥）20g、顆粒コンソメ小1、おろししょうが小½を加え、火が通るまで煮る。

Point! 春雨は乾燥のまま加えてOK。黒こしょうや刻みねぎをかけても。

野菜、加工肉・洋風

PART **09** 煮るだけスープ

野菜、卵、チーズ・洋風

No.469 冷凍ブロッコリーとウインナーのコンソメスープ

1人分

1. オリーブ油小1を熱した鍋でウインナー3本（斜め切り）を炒める。
2. 水300mℓ、おろしにんにく・おろししょうが各小1/2を加え、煮立ったら冷凍ブロッコリー60g、顆粒コンソメ小2を加え、火が通るまで煮る。

Point! ウインナーに軽く焼き色をつけてから水を加えて。好みでドライパセリをふっても。

鍋

No.470 レタス卵のコンソメスープ

包丁いらずのズボラレシピ

1人分

鍋に水300mℓを入れて沸かし、顆粒コンソメ小1を加えて混ぜる。レタス2枚（2～3cm大にちぎる）を加えてサッと煮る。卵1個を割り入れて混ぜる。

Point! 卵がかたまらないうちに混ぜて好みのかたさに仕上げる。好みでちぎったパセリを。

鍋

No.471 ズボラグラタンスープ

市販のオニオンスープで

1人分

容器にオニオンスープの素（市販）1袋、熱湯150mℓを入れてよく混ぜる。食パン（5枚切り）1/2枚（一口大に切る）を加え、ピザ用チーズ1つかみをのせ、焦げ目がつくまでトースターで焼く。

Point! 「クノール®カップスープ オニオンコンソメ」を使用。好みでドライパセリを。

トースター

No.472 コーンとえのきとキャベツの和風スープ

甘さにグッとくる

1人分

鍋に水300ml、醤油大1、鶏ガラの素小1、おろししょうが小1/2を入れて火にかけ、煮立ったらコーン（水煮）120g、キャベツ80g、えのき50g（ともに食べやすく切る）を加えて煮る。

Point! キャベツとえのきがしんなりするまで煮る。黒こしょうをふっても。

No.473 レタスと厚揚げの和風スープ

あっさりだけど、ボリューム◎

1人分

① 鍋に水300mlを入れて火にかけ、煮立ったら白だし小2、顆粒だし小1を加える。

② 厚揚げ50g（一口大に切る）、レタス1枚（2〜3cm大にちぎる）を加え、サッと煮る。

Point! レタスの食感が残るように厚揚げとレタスを加えたらサッと煮る。

No.474 わかめの鶏ガラ麺つゆスープ

チャーハンのおともにも！

1人分

鍋に水300ml、鶏ガラの素小2、麺つゆ小1、おろししょうが小1/2を入れて火にかけ、煮立ったら乾燥わかめ大1を加え、ごま油小1を回し入れる。

Point! わかめが戻るまで煮たら完成。白ごまをふっても美味。

コーン、厚揚げ、わかめ・和風

PART 09 煮るだけスープ

豚肉、豆腐、春雨・あんかけ、中華

No.475 豚たまあんかけスープ

体の芯からぽっかぽか

フライパン

1人分

A｜水300ml、みりん大1、醤油・鶏ガラの素各小2、おろしにんにく小1

1. 油小1を熱したフライパンで豚バラ薄切り肉200g（一口大に切る）を炒める。火が通ったらキャベツ150g（せん切り）を加え、Aを加えて煮る。
2. ごま油小1、水溶き片栗粉（片栗粉・水各大1）を加え、とろみがついたら溶き卵2個分を回し入れ、混ぜる。

Point! 卵を回し入れたら素早く混ぜる。刻みねぎをかけても。

No.476 かにかま卵豆腐スープ

豆腐で天津飯風に

鍋

1人分

1. 鍋に水300ml、醤油・みりん各小2、顆粒だし小1を入れて火にかけ、沸騰させる。
2. 豆腐1丁300g（食べやすく切る）を加え、水溶き片栗粉（水大1、片栗粉小1）を加えて混ぜる。とろみがついたら、かに風味かまぼこ50g（ほぐす）、溶き卵1個分を加える。

Point! 卵が軽くかたまったらOK。刻みねぎをかけても。

No.477 卵とわかめの春雨スープ

小腹満たしに最適

鍋

1人分

1. 鍋に水400ml、ごま油大1、鶏ガラの素小2、塩1つまみを入れて火にかける。
2. 煮立ったら春雨（乾燥）30g、乾燥わかめ大1を加え、溶き卵1個分を回し入れ、ラー油小1を回しかける。

Point! 春雨は乾燥のまま加え、調味料を吸わせて。好みで黒こしょうや白ごまをかけても。

No.478 かきたま鶏ももわかめスープ

雑炊にしても美味!

1人分

1. 鍋に水400mlを入れて火にかけ、煮立ったら鶏もも肉1枚(一口大に切る)を入れて煮る。
2. 火が通ったら乾燥わかめ大1、白だし小2、顆粒だし小1を加え、弱火にして溶き卵1個分を回し入れ、白ごま適量をふる。

Point! 卵は弱火にして加え、ふわふわに仕上げる。好みで刻みねぎをのせても。

No.479 きのこかきたま中華スープ

定番スープをきのこで格上げ

1人分

1. ごま油大1を熱した鍋にまいたけ⅓パック、しめじ⅓パック(ともにほぐす)、えのき⅓株(食べやすく切る)、塩こしょう少々を入れて炒める。
2. 火が通ったら水400mlを加え、温まったら鶏ガラの素小1、醤油小2、白だし小1を加える。弱火にして水溶き片栗粉(片栗粉・水各大1)を加えて混ぜ、とろみがついたら溶き卵1個分を回し入れる。

Point! ダマになるので水溶き片栗粉は弱火にして加える。刻みねぎをのせても。

No.480 中華わかめ卵のラー油スープ

包丁不要で手軽!

1人分

1. 鍋に水300ml、乾燥わかめ大1、鶏ガラの素小1、おろしにんにく小½を入れて火にかけ、煮立ったら溶き卵2個分を加えて混ぜる。
2. 火を止めてごま油小1を加えて混ぜ、ラー油・白ごま各適量をかける。

Point! 火を止めてから風味づけにごま油をプラス。

鶏肉、きのこ、わかめ・かきたま

PART 09 煮るだけスープ

豚こま肉、卵・味噌汁

No.481 くたくた豚汁

具だくさんでおかず感!

1～2人分

1. ごま油小2を熱したフライパンで豚こま肉150g、ごぼう50g（包丁の背で皮をこそげてささがきにする）、にんじん1/4本（いちょう切り）、こんにゃく100g（一口大に切る）を炒める。
2. 火が通ったら水300mℓ、顆粒だし小1を加え、煮立ったら火を止め、みりん大1、味噌小2を加えて軽く煮る。

Point! こんにゃくはスプーンで切るとラクちん。好みで七味唐辛子をふっても。

（フライパン）

No.482 豚ときのこのピリ辛ごま味噌汁

ピリ辛で食欲アップ

1～2人分

1. ごま油小1を熱したフライパンで豚こま肉100g、えのき50g（ほぐす）、エリンギ50g（薄切り）を炒める。
2. 火が通ったら水300mℓ、麺つゆ小2、おろししょうが・おろしにんにく各小1/2を加え、煮立ったら火を止めて味噌小1を溶かし、ラー油小1/2、白ごま適量を加えて2分煮る。

Point! 味噌はムラなく溶けるように、火を止めてから加えて。

（フライパン）

No.483 落とし卵の味噌汁

自家製温泉卵がいい感じ

1～2人分

1. 鍋に卵2個を割り入れ、かぶるくらいの水を入れて火にかけ、沸騰したら火を止めて10分おく。
2. 別の鍋に水300mℓを入れて火にかけ、煮立ったら玉ねぎ1/4個（薄切り）、顆粒だし小1を加えて煮る。しんなりしたら豆腐1/2丁150g（1cmの角切り）、乾燥わかめ適量を加える。
3. わかめが戻ったら火を止め、味噌大2を溶かし、1の卵をのせる。

Point! 卵は余熱でゆっくり火を通して半熟に仕上げる。刻みねぎをのせても。

（鍋）

No.484 白菜となすの炒め味噌汁

炒めて香ばしく

1〜2人分

1. ごま油小1を熱したフライパンで白菜80g（2〜3cm大にちぎる）、なす1/3本50g（薄い半月切り）を炒める。
2. 水300mlを加え、沸騰したら火を止め、味噌大1 1/2、顆粒だし小1を加えて再び弱火にかけ、軽く煮る。

Point! なすは薄く切ると火が通りやすい。味噌は火を止めてから加えて。

フライパン

No.485 長いもとなめこのとろとろ味噌汁

喉ごし抜群！

1〜2人分

1. 鍋に水300mlを入れて火にかけ、煮立ったら長いも100g（1cm幅の短冊切り）、なめこ50g、顆粒だし小1を加えて煮る。
2. 火が通ったら火を止め、味噌大2、おろししょうが小1/2を加え、溶かし混ぜる。

Point! しょうがは火を止めてから加え、香りよく仕上げる。好みで刻みねぎをのせても。

鍋

No.486 シュウマイ味噌汁

ワンタン的なおいしさ

1〜2人分

1. 鍋に水300mlを入れて火にかけ、煮立ったら火を止め、味噌大1 1/2、顆粒だし小1を溶き入れ、再び弱火にかける。
2. チルドシュウマイ（市販）6個、青梗菜60g（ざく切り）を加え、5分煮る。

Point! 好みで七味唐辛子をふっても美味。

鍋

野菜、シュウマイ・味噌汁

食材の保存あれこれ 野菜・その他 編

余った野菜は切ってから保存しておくと、日々の自炊がラクに。素材別にポイントを紹介。

column 超ビギナーさんの自炊テク 12

No.487 キャベツ

ざく切りにしておくと炒めものやスープなどにパッと使いやすい。冷水で洗ってペーパータオルで水気をふき、保存袋に入れます。すぐ使わないときは冷凍保存がおすすめ。

ざく切りは使い勝手が抜群!

No.488 じゃがいも

新聞紙を敷いた通気性のいい容器（段ボール箱など）に入れ、直射日光のあたらない涼しい場所で保管を。温度が高い場所に置くと芽が出てしまうため、暖かい季節は冷蔵室へ。

季節によっては冷蔵保存を

No.489 もやし

未開封なら袋ごと冷凍もOK。開封済みのものはそのまま冷凍すると食感が悪くなるため、洗ってしっかり水気をきり、保存袋に入れて冷凍保存しましょう。

傷みやすいので新鮮なうちに冷凍を

No.490 玉ねぎ

よく使う薄切り、みじん切りの2パターンで冷凍しておくと、料理に合わせてサッと取り出せるから重宝します。切ったものを保存袋に入れて冷凍室へ。

袋の空気を抜いて冷凍

なるべく早めに使い切ってニャ！

No.491 ほうれん草

サッとゆでて冷水にさらし、水気をきってペーパータオルでふきます。食べやすい長さに切り、小分けにしてラップで包み、保存袋に入れて冷凍。小松菜など他の青菜も同様。

ゆでる手間なくサッと使える

No.492 長ねぎ

冷蔵庫のスペースをとるので、適当な長さに切ってペーパータオルで包み、保存袋に入れます。縦方向になるように置くと◎。長持ちさせたい場合は冷凍保存しても。

冷蔵か冷凍がおすすめ

No.493 ブロッコリー

つぼみ部分は小房に分け、茎は食べやすい大きさに切ります。サッとゆで、水気をきってペーパータオルでふき、小分けにしてラップで包み、保存袋に入れて冷凍室へ。

茎まで無駄なく保存

No.494 にんじん

乱切り、いちょう切り、輪切り、せん切りなど、よく使う切り方を選んで保存しておくと便利です。量が多ければ小分けにしてラップに包み、保存袋に入れて冷凍します。

長期間の冷凍は味が変わるので早めに使って

食材の保存あれこれ 野菜・その他 編

No.495 青じそ

乾燥を防ぐため、水を張った容器に入れて冷蔵保存。冷凍の場合はペーパータオルで水気をふき、ラップに包んで。解凍した青じそは風味が変わるので炒めものなどに使用します。

冷蔵

冷凍

冷凍したものは加熱調理に使って

No.496 にんにく

そのままおくと芽が生え、香りも味も変わってしまうので、長期保存なら冷凍が◎。皮をむいて3片ずつラップで包み、保存袋に入れて冷凍。解凍後は加熱調理に使って。

No.497 しょうが

3日以内に使い切れない場合は冷凍保存しましょう。皮をむいて薄切りにし、ペーパータオルで水気をふき、数切れずつラップで包み、保存袋に入れて冷凍します。

冷凍がおすすめ

すりおろしたものを保存してもOK

No.498 きのこ

石づきを除き、食べやすく切るかほぐし(洗わなくてOK)、保存袋に入れて冷蔵または冷凍保存。冷凍すると繊維が壊れ、うまみがアップするといわれているので特におすすめ。

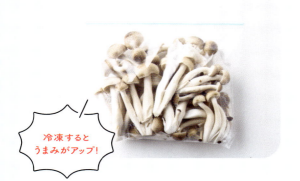

冷凍するとうまみがアップ!

No.499 ピザ用チーズ

乾燥すると味や香りが悪くなるため、使いやすい量に小分けにして、密閉保存すると◎。ラップに包んで保存袋に入れ、冷凍または冷蔵保存を。

チーズの風味をキープ!

No.500 豆腐

容器に入れ、豆腐全体が浸かるまで水を加えて冷蔵保存。または、使いやすい大きさに切ってラップに包み、保存袋に入れて冷凍室へ。未開封ならパックのまま冷凍してもOKです。

冷蔵

冷凍

じつは冷凍もおすすめ

ハマごはん

「スーパーの食材が絶品ごはんに早変わり」する料理をSNSに投稿する料理家。ひとり分から作りやすい、主食から副菜まで網羅したレシピが幅広い層に支持されている。著書に『ひとり分 やる気1％ごはん 美味しいおかずがちゃちゃっと作れるしあわせレシピ500』、『ひとり分 やる気1％レンジごはん 主菜・副菜・デザートまで神速レシピ500』(小社刊)。

X & Instagram & TikTok
@hamagohan_r

YouTube
ハマごはん【お手軽レシピ】

ひとり分やる気1％
超ビギナーごはん
ど素人でもおいしく作れる自炊テク&レシピ500

2025年4月22日　初版発行

著者　ハマごはん
発行者／山下 直久
発行／株式会社KADOKAWA
〒102-8177　東京都千代田区富士見2-13-3
電話0570-002-301(ナビダイヤル)
印刷所／TOPPANクロレ株式会社
製本所／TOPPANクロレ株式会社

本書の無断複製(コピー、スキャン、デジタル化等)並びに
無断複製物の譲渡および配信は、著作権法上での例外を除き禁じられています。
また、本書を代行業者等の第三者に依頼して複製する行為は、
たとえ個人や家庭内での利用であっても一切認められておりません。

●お問い合わせ
https://www.kadokawa.co.jp/(「お問い合わせ」へお進みください)
※内容によっては、お答えできない場合があります。
※サポートは日本国内のみとさせていただきます。
※Japanese text only

定価はカバーに表示してあります。
©Hamagohan 2025 Printed in Japan
ISBN978-4-04-684593-1　C0077